Baby in
Nürnberg/Fürth/Erlangen

500 WICHTIGE TIPS & ADRESSEN FÜR
SCHWANGERSCHAFT UND BABYS ERSTES JAHR

COMPANIONS

INHALT

Alles fürs Baby

ICH BEKOMME EIN KIND ▶ 6
Beratungsstellen für Schwangere (6)
Stiftungen für „Einmalhilfen" (10)
Humangenetische Beratung (10)

ES SIND ZWILLINGE! ▶ 12
Initiativen (12)
SpezialistInnen in Sachen Mehrlingsgeburten (12)

BERUFSTÄTIG IN „ANDEREN UMSTÄNDEN" ▶ 13
Wo beantrage ich Mutterschaftsgeld? (13)
Wo mache ich mich schlau? (14)

ALLEINERZIEHEND GUT BERATEN ▶ 17
Beratungsstellen (17)
Selbsthilfegruppen (17)

AUCH MIT DICKEM BAUCH GUT ANGEZOGEN ▶ 19
Schwangerschaftskleidung (19)
Secondhand-Kleidung (20)

IN GUTEN HÄNDEN BIS ZUM ENDSPURT ▶ 21
Das Kind liegt andersherum oder quer (21)
Geburtsvorbereitung (22)
Hebammen (29)

JETZT KANN DAS BABY KOMMEN ▶ 30
Babymöbel (30)
Babyspielzeug (31)
Mobil mit Kind (32)
Erstausstattung (33)
Erstausstattung Secondhand-Verleih (35)
Kinderkleidung (35)
Secondhand (36)
Windeldienste (37)

DIE RICHTIGE ADRESSE, WENN ES SOWEIT IST ▶ 38
Geburtshaus (38)
Welches Krankenhaus bietet was? (40)

DAS KIND IST DA! ▶ 45
Wo melde ich die Geburt meines Kindes? (45)
Wo gibt's den Paß fürs Kind? (46)
Kinderkrankenhäuser (47)
Muttermilchuntersuchung (48)
Rückbildungsgymnastik (48)

INHALT

Stillberatung (52)
Mütterberatung (56)

ERSATZMAMI GESUCHT ▶ 57
Anspruch auf Haushaltshilfe (57)
Haushaltshilfen (58)

DAMIT'S IM GELD- BEUTEL STIMMT ▶ 59
Erziehungsgeld (59)
Kindergeld (61)

GUT VERSORGT BEIM START INS LEBEN ▶ 62
Allergien (62)
Frühförderung (65)
Erste Hilfe (66)
Tips im Internet (67)
Ernährung (67)
Ökologische Babynahrung (71)

DAS AKTIVE BABY ▶ 73
Babymassage (73)
Babyschwimmen (73)
Sonstige Kurse (75)
PEKiP (76)
Kuren (77)

WIE ES ANDEREN MÜTTERN UND VÄTERN GEHT ▶ 77
Selbsthilfegruppen (77)
Bildungsstätten (79)
Urlaub (80)
Private Elterninitiativen (80)
Eltern-Kind-Gruppen (81)
Selbsthilfegruppen für Väter (84)

SCHÖNE SPAZIERGÄNGE MIT DEM KINDERWAGEN ▶ 85
Touren, Wege, Wälder (85)

BETREUUNG ▶ 86
Babyhort/Kita (86)
Babysitter (88)
Elterninitiativen/
Krabbelgruppen (90)
Kranke Kinder (91)
Tagesmütter (91)
Wickelräume in der Stadt (92)

INDEX ▶ 94

WAS SIE FÜR SICH UND IHR BABY WISSEN SOLLTEN

Körper & Seele (8)
Der Mutterpaß (11)
Rechtzeitig packen:
die Kliniktasche (39)
Im Kreißsaal (44)
Wie soll das Baby heißen? (47)
Wieder fit nach der Geburt (50)
Stillen - Körperkontakt pur (54)
Das steht Ihnen zu (60)
Duftöle bei verschnupfter Nase (64)
So fühlt sich Ihr Baby wohl (68)
Babys erste Ausfahrt (84)
Betreuungsverträge (93)

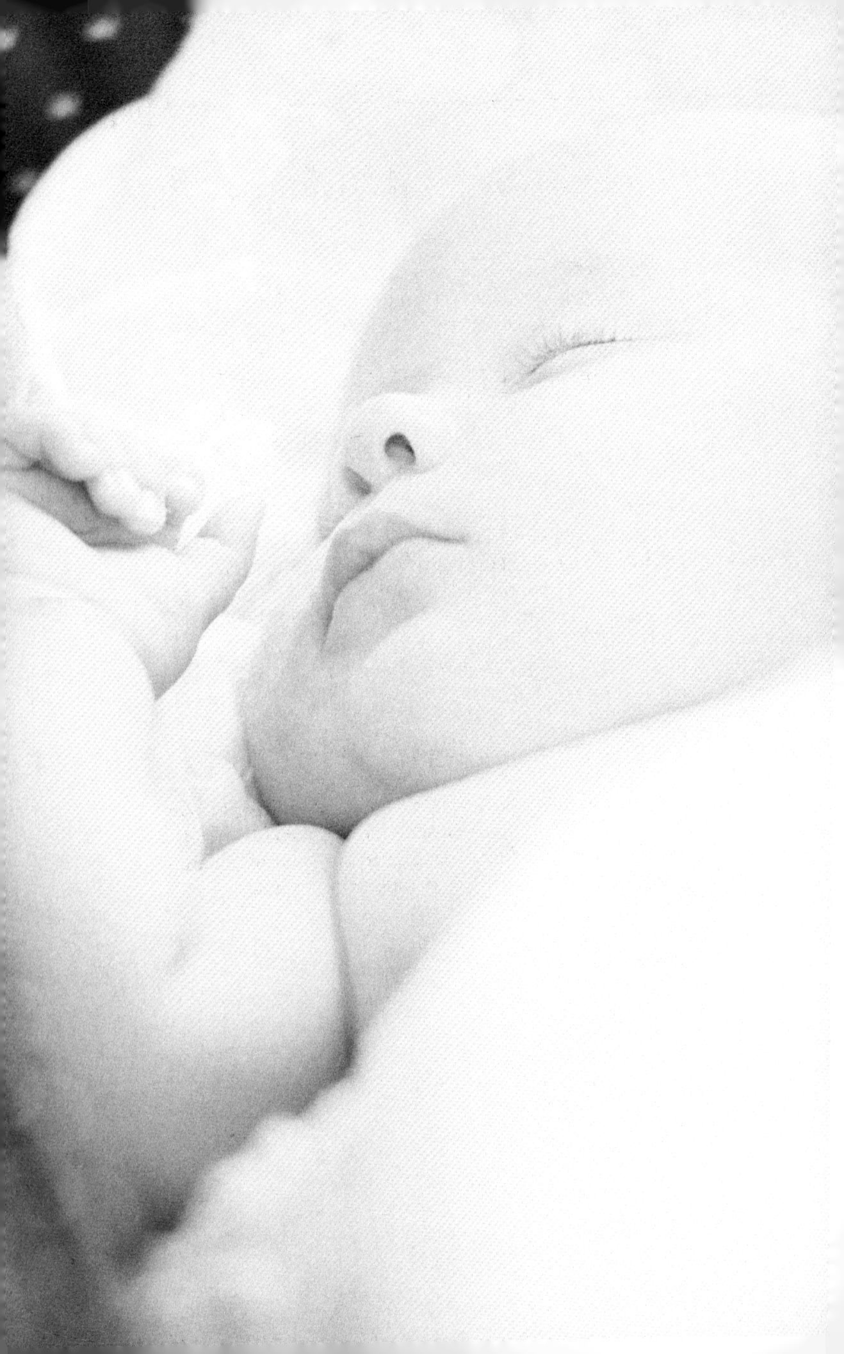

LIEBE LESERIN, LIEBER LESER,

es gibt kaum ein schöneres Gefühl, als Mami und Papi zu werden. Endlich eine Familie – die Welt erscheint in einem anderen Licht. Doch bei allem Glück sind werdende und frischgebackene Eltern immer auch mit einer Reihe von ganz neuen Fragen konfrontiert: Wer berät mich als berufstätige Mutter? Wo finde ich empfehlenswerte Secondhand-Läden mit Babykleidung? Bei welcher Behörde beantrage ich Erziehungsgeld, und wo ist sie? Die Fragen sind ebenso zahlreich wie vielfältig.

„Baby in Nürnberg/Fürth/Erlangen" macht da weiter, wo andere Ratgeber aufhören. Es bietet Ihnen Tips und Adressen zu dem Ort, an dem Sie leben. Wenn ein Baby kommt, gilt es, sich in kurzer Zeit einen guten Überblick über die vielen Angebote zu verschaffen und viel zu organisieren: Sie müssen sich ein Krankenhaus für die Entbindung aussuchen, eine Babyausstattung kaufen, Kindergeld beantragen und manches mehr. Da hilft Ihnen „Baby in Nürnberg/Fürth/Erlangen" ganz konkret!

Wir hoffen, daß Sie diese schöne Zeit in Ihrem Leben mit „Baby in Nürnberg/Fürth/Erlangen" noch ein bißchen mehr genießen können. Und geben Sie Ihrem Baby nicht nur die liebevolle Zuwendung, die es braucht, sondern auch die richtige Hautpflege. Nur so fühlt sich die empfindliche Haut Ihres Babys zart und schmuseweich an und bleibt von Anfang an gesund und geschützt.

Herzlichst Nivea Baby

ICH BEKOMME EIN KIND

BERATUNGSSTELLEN FÜR SCHWANGERE

Gesundheitsamt Erlangen, Staatlich anerkannte Beratungsstelle für Schwangerschaftsfragen
Schubertstr. 14, 91052 Erlangen, Tel. 09131-71 44 0 u. 71 44 45. Kontakt: Frau Kröner.
Wird das Geld mit Baby reichen? Wann und wie kann ich trotz Kind weiterarbeiten? Wer macht Geburtsvorbereitung, und wie werde ich mit dem Stillen zurechtkommen? Schwangere Frauen haben tausend Fragen. Im freundlichen Gesundheitsamt von Erlangen helfen engagierte und kompetente SozialpädagogInnen weiter. Zudem gibt es eine Fülle von Infomaterial und eine geradezu unverzichtbare Adressenliste, die Angebote für Schwangere und Eltern mit Babys im Raum Erlangen-Höchstadt auflistet.

Anlaufstellen in Nürnberg und Fürth:
▶ *Gesundheitsamt, Burgstr. 4, 90403 Nürnberg, Tel. 231 22 88.*
Beratung und Wegweiser über Angebote für Mutter und Kind in Nürnberg.
▶ *Gesundheitsamt, Fr. Rösch-Grimmel, Fr. Bavanati, An der Post 7, 90762 Fürth, Tel. 0911-749 14 45.* „Rosige Z(S)eiten", Infoliste mit wichtigen Adressen in Fürth, Stillberatung, freundliche Hilfe in Schwangerschafts- und Erziehungsfragen.

Altkatholisches Centrum für Lebens- und Glaubensfragen
Rankestr. 52, 90461 Nürnberg, Tel. 46 46 87.
Erst seit Frühjahr 1998 gibt es das Altkatholische Zentrum in Nürnberg, das vor allem Anlaufstelle bei seelischen Problemen oder Neuorientierungen sein möchte. Das engagierte Team um Herrn Pfarrer Lanzendörfer möchte „nahe an den Bedürfnissen der Gesellschaft arbeiten" und bietet Schwangeren Beratung bei Problemen in der Partnerschaft und in anderen Krisensituationen an. Auch ein Kurs „Erste Hilfe am Kind" ist fest geplant. Was hier sonst noch auf die Beine gestellt wird, können Sie telefonisch erfragen: Sprechzeiten Mi 15–18 Uhr.

Frauengesundheitszentrum (FGZ) *Fürther Str. 154/RG, 90429 Nürnberg, Tel. 32 82 62.*
Wo und wie bekomme ich mein

Ein neues Erlebnis: Ihr Körper verändert sich allmählich ...

KÖRPER & SEELE

Sie bekommen ein Kind, und Ihr Leben verändert sich rundum. Je weiter die Schwangerschaft fortschreitet, desto deutlicher macht sich diese Lebensumstellung auch optisch und seelisch bemerkbar. Am deutlichsten natürlich in der Endphase der Schwangerschaft. Ihr Körper produziert jede Menge Hormone, Ihr Bauch wächst, und Ihre Stimmung schwankt.

Setzen Sie sich mit der Achterbahn Ihrer Gefühle auseinander, aber setzen Sie sich nicht unter Druck. Akzeptieren Sie ruhig Gefühle wie Wut und Trauer. Und versuchen Sie dabei, durch Ihr eigenes, ganz spezielles Wohlfühlprogramm Ihren Körper und Ihre Seele zu verwöhnen, um solchen depressiven Phasen konstruktiv und bewußt zu begegnen. Eine Möglichkeit der Entspannung bietet eine ausgiebige Körperpflege. Da Ihr Stoffwechsel während der Schwangerschaft auf Hochtouren läuft, kommen Sie jetzt häufig ins Schwitzen. Duschen Sie ruhig mehrmals am Tag, und gönnen Sie Ihrem Körper eine Pflegelotion oder ein Hautöl. Regelmäßiges Eincremen pflegt nicht nur, es ist zugleich eine Seelenmassage.

Wenn Sie das Bedürfnis nach Rückzug haben, legen Sie sich gemütlich aufs Sofa, setzen Sie den Kopfhörer auf, und hören Sie Ihre Lieblingsmusik. Musik ist Balsam für die Seele - nicht nur für Ihre eigene, sondern auch für die Ihres ungeborenen Kindes.

Andere Möglichkeiten abzuschalten, die innere Ruhe wiederzufinden und Körper und Geist in Einklang zu bringen, bieten Yoga oder Meditation. Erkundigen Sie sich z.B. nach speziellem Schwangerschaftsyoga! Allgemein gilt: Halten Sie sich an bestimmte Grundregeln, wie z.B. keine Zigaretten, keinen Alkohol, möglichst wenig Streß. Denn alles, was Sie tun, überträgt sich immer - nicht nur in den letzten Schwangerschaftswochen - auch auf Ihr Baby.

BERATUNGSSTELLEN FÜR SCHWANGERE

Baby? Diese Frage beantwortet die Hebamme Christine Bleisteiner alle zwei Monate im Frauengesundheitszentrum. In ungezwungener Atmosphäre können die schwangeren Frauen sich informieren über Gebärstellungen, Klinik-, Haus- oder Wassergeburten und den Geburtsablauf. Zur Einstimmung wird ein Video vorgeführt, und anschließend kann frau in der umfangreichen Hebammen-, ÄrztInnen- und Klinikkartei des Zentrums nach ihren Lieblings-GeburtsbegleiterInnen suchen. Der Infoabend kostet DM 12, Anmeldung schriftlich beim Frauengesundheitszentrum. Öffnungszeiten Mo-Do 17-19 Uhr.

Weitere Adressen
▶ *Caritas Nürnberg, Schwangerschafts- und Sexualberatung, Tucherstr. 15, 90403 Nürnberg, Tel. 23 54 65.* Rat und konkrete Hilfe, z.B. bei materiellen Problemen, Wohnungssuche.
▶ *Frauenbüro der Stadt Nürnberg, Fünferplatz 1, 90403 Nürnberg, Tel. 231 41 84, -41 85, Fr. Hiller.* Keine Beratung, aber sehr hilfsbereite Vermittlung von Adressen sowie Vergabe von informativen, kostenlosen Broschüren.
▶ *Pro Familia Nürnberg, Äußere-Cramer-Klett-Str. 9, 90489 Nürnberg, Tel. 55 55 25.* Infoveranstaltungen zu gesundheitlichen, rechtlichen und finanziellen Problemen.
▶ *Stadtmission Nürnberg, Diakonisches Werk, Schwangerschaftsberatung, Pilotystr. 19, 90408 Nürnberg, Tel. 36 44 11.*
▶ *Zentrum Kobergerstraße, Kobergerstr. 79, 90408 Nürnberg, Tel. 36 16 26.* Beratung und Information für Schwangere, Auskunft über Kliniken, ÄrztInnen und Hebammen, Informationen zur vorgeburtlichen Diagnostik, Entbindungsmethoden, Geburtsvorbereitung, Rooming-in.
▶ *Caritas Fürth, Schwangerenberatung, Alexanderstr. 30, 90762 Fürth, Tel. 0911-740 50 15.*

Prüfen Sie regelmäßig Ihr Gewicht

ICH BEKOMME EIN KIND

▶ *Stadt Fürth, Schwangerenberatung, Königsplatz 2, 90762 Fürth, Tel. 0911-974 15 18.*
▶ *Stadt Erlangen, Schwangerenberatung, Loewenichstr. 1, 91054 Erlangen, Tel. 09131-86 22 95.*

STIFTUNGEN FÜR „EINMALHILFEN"

Landesstiftung „Hilfe für Mutter und Kind"
Schellingstr. 155, 80797 München, Tel. 089-12 61 02.
In besonderen finanziellen Notlagen hilft die Landesstiftung, und zwar mit einem einmaligen Zuschuß. Die Höhe der gewährten Summe ist abhängig vom Einkommen der Eltern, der Zahl der Kinder und der Gesamtsituation der Familie. Meist werden konkrete Anschaffungen finanziert, z.B. das Kinderbett oder die Erstausstattung, in seltenen Fällen gibt's auch laufende Zuschüsse. Auf die Leistung besteht jedoch kein Rechtsanspruch. Und, ganz wichtig: Der Antrag muß vor der Geburt des Kindes gestellt werden, entweder direkt bei der Stiftung, bei den Sozialämtern oder den Beratungsstellen.

HUMANGENETISCHE BERATUNG

Behindertenseelsorge der Erzdiözese Bamberg
Bachfeldstr. 9, 91058 Erlangen.
Kontakt: Hr. Firsching, Tel. 642 72, Fr. Pöllmann-Koller, Tel. 0911-67 68 61.
Die Behindertenseelsorge hilft Eltern, die eine Behinderung bei ihrem Kind befürchten oder deren Kind behindert auf die Welt gekommen ist. In Einzelgesprächen und Elternkreisen arbeiten betroffene Mütter und Väter ihre Enttäuschung auf, sprechen aber auch über das Glück und die Chancen, die das Leben mit einem behinderten Kind eröffnen kann. Erfahrungsaustausch und Weitervermittlung bietet auch folgende Selbsthilfegruppe:
▶ *Gemeinsam Leben – Gemeinsam Lernen, Nürnberg e.V., Birgit Waßmann, Tel. 09131-20 12 68.*
Eltern, in deren Familien Erbkrankheiten vorkommen oder die schon ein behindertes Kind haben, schicken ÄrztInnen zu folgenden Stellen:
▶ *Klinikum Süd Nürnberg, Breslauer Str. 201, 90471 Nürnberg, Tel. 398 22 35.*
▶ *Institut für Humangenetik an der Medizinischen Fakultät der Universität Erlangen, Schwabachanlage 10, 91054 Erlangen, Tel. 09131-85 23 19.*

EIN STÄNDIGER BEGLEITER: DER MUTTERPASS

Bereits bei Ihrem ersten Vorsorgetermin erhalten Sie von Ihrem Frauenarzt bzw. Ihrer Frauenärztin Ihren persönlichen Mutterpaß, in dem alle Untersuchungsergebnisse während Ihrer Schwangerschaft vermerkt werden. Bis zur Geburt sollten Sie diesen Paß ständig bei sich haben, damit im Notfall auch fremde ÄrztInnen wichtige Informationen daraus ersehen und entsprechend reagieren können.

Der Mutterpaß ist eine Art Schwangerschaftstabelle (ein sogenanntes Gravidogramm), in der Ihr Arzt bzw. Ihre Ärztin die Ergebnisse aller Vorsorgeuntersuchungen notiert, um Veränderungen und damit die Entwicklung Ihres Kindes genau beobachten zu können.

Der Fundusstand informiert über die Größe der Gebärmutter. Die gängigsten Kürzel sind „S+2" (die Gebärmutter endet zwei Finger über dem Schambein), „N+2" (sie reicht zwei Finger über den Nabel), „RB-2" (geht bis zwei Fingerbreit unter den Rippenbogen).
Die Spalte Kindslage informiert mit Kürzeln wie „SL" (Schädellage), „BEL" (Beckenendlage oder Steißlage) oder „QL" (Querlage) über die aktuelle Position des Kindes. Ein „+" in der Kategorie Herztöne bedeutet, daß die Herztöne des Kindes zu hören sind. Abhängig von der Kindslage sind sie aber nicht immer leicht zu finden! Das gleiche gilt für Kindsbewegungen, „+" bedeutet ja. Ödeme/Varikosis geben über Wassereinlagerungen im Körper (sichtbar vor allem in den Beinen) und über Krampfadern Auskunft.
In der Sparte Gewicht kann Ihr Arzt bzw. Ihre Ärztin sehen, ob Ihre Gewichtszunahme im üblichen Rahmen von 12-15 kg liegt, wobei solche Angaben nur als grobe Richtwerte zu verstehen sind. Die Blutdruckwerte werden in RR SYST. DIAST. eingetragen. Bei zu hohem oder zu niedrigem Blutdruck kann der Arzt oder die Ärztin reagieren.
Der Hämoglobinwert HB (ERY) spielt beim Sauerstofftransport eine Rolle und gibt Aufschluß über eventuelle Mangelerscheinungen (z.B. über Eisenmangel).

ES SIND ZWILLINGE!

INITIATIVEN

Zwillingsclub „Engelchen und Bengelchen" e.V. *Kontakt: Ulrike Büttner-Germanschewski, Burgsalacher Str. 40, 90449 Nürnberg, Tel. 68 68 77 und Monika Viehmann, Birkenstr. 21, 90587 Veitsbronn, Tel. 75 41 83.*
Zwillinge, Drillinge, Mehrlinge – vielen Paaren jagt die Ankündigung mehrfacher Elternfreuden erstmal einen Schrecken ein. Plötzlich tun sich viele Fragen auf. Die passenden Antworten darauf weiß die Zwillingseltern-Initiative „Engelchen und Bengelchen". Die Selbsthilfegruppe begann mit unregelmäßigen Treffen vor neun Jahren, mittlerweile umfaßt der Verein 360 Mitglieder. Viele engagierte Zwillingseltern kümmern sich um die zweimonatlich erscheinende Vereinszeitung, um Stammtische in verschiedenen Stadtteilen, um Stillberatung, Feste und Ausflüge, den Verleih von Zwillings-Wagen sowie den viermal jährlich stattfindenden Ausstattungsbazar. Neue Doppelpack-Eltern fangen als Schnuppermitglied an und erhalten eine unverzichtbare, 60 Seiten dicke Schwangerschaftsbroschüre.

SPEZIALISTINNEN IN SACHEN MEHRLINGSGEBURTEN

„Für Mehrlingsgeburten kommen eigentlich nur Kliniken in Frage, die über eine Kinderstation verfü-

Mutterfreuden im Doppelpack

BERUFSTÄTIG IN „ANDEREN UMSTÄNDEN"

WO BEANTRAGE ICH MUTTERSCHAFTSGELD?

gen", rät Frau Viehmann vom Zwillingsclub „Engelchen und Bengelchen", denn „obwohl selbst Steißlagen-Zwillingsgeburten heute meist kein Problem mehr sind, ist das Risiko, daß ein Kind spezielle Nachsorge braucht, eben doch verhältnismäßig groß." Zudem ist es beispielsweise in Fürth möglich, in einem „Wohnzimmer" länger in der Klinik zu bleiben, wenn ein Baby noch im Brutkasten liegt oder beobachtet werden muß. Im Klinikum Süd veranstaltet der Zwillingsclub in loser Folge Infoabende für Mehrlingseltern.
▶ *Klinikum Nürnberg Süd, Breslauer Str. 201, 90471 Nürnberg, Tel. 39 80.*
▶ *Klinik Hallerwiese, St.-Johannis-Mühlgasse 19, 90419 Nürnberg, Tel. 272 80.*
▶ *Klinikum Fürth, Jakob-Henle-Str. 1, 90766 Fürth, Tel. 0911-75 800.*
▶ *Frauenklinik Erlangen, Universitätsstr. 21-23, 91054 Erlangen, Tel. 09131-85 35 53 u. -35 54*

Bundesversicherungsamt
Reichpietschufer 72-76, 10785 Berlin, Tel. 030-26 99 90.
Sechs Wochen vor der Geburt sollten und acht Wochen danach dürfen Mütter laut Gesetz nicht arbeiten. Bei Früh- und Mehrlingsgeburten verlängert sich diese Schutzfrist von acht auf zwölf Wochen. Arbeitnehmerinnen, die in der gesetzlichen Krankenversicherung selbst pflicht- oder freiwillig versichert sind, erhalten in dieser Zeit das Mutterschaftsgeld sowie einen Zuschuß von ihrem Arbeitgeber. Daher gehen auf ihrem Konto während der Schutzfrist in etwa dieselben Beträge ein wie in beruflich aktiven Zeiten. Andere Versicherte – wie Studentinnen oder Hausfrauen – erhalten ein einmaliges Entbindungsgeld von DM 150. Um das Entbindungsgeld zu beantragen, brauchen Sie ein ärztliches oder von einer Hebamme ausgestelltes Zeugnis über den voraussichtlichen Entbindungstermin. Haben Sie einen Krankengeldanspruch, kann unter bestimmten Voraussetzungen auch ein Mutterschaftsgeld in Höhe des

BERUFSTÄTIG IN „ANDEREN UMSTÄNDEN"

Krankengeldes gezahlt werden. Über Besonderheiten beim Mutterschaftsgeld sowie die Antragsmodalitäten können Sie sich bei Ihrer Krankenkasse erkundigen. Wenn Sie als Arbeitnehmerin privat oder gar nicht krankenversichert sind, wenden Sie sich an das Bundesversicherungsamt in Berlin.

WO MACHE ICH MICH SCHLAU?

Ratschläge, Tips und Informationen für berufstätige Schwangere gibt es bei den bekannten Beratungsstellen (→ S. 6). In speziellen Fällen ist das Gewerbeaufsichtsamt Mittelfranken der geeignete Ansprechpartner. Hier gibt es auch ein Dezernat für Mutterschutz. Der dortige Sachbearbeiter klärt über Rechte und Pflichten einer werdenden Mutter auf und gibt telefonisch erste Orientierungshilfen. Auf Wunsch werden auch Gesprächstermine vereinbart. Zeichnet sich ein Rechtsfall ab, muß die Schwangere oder werdende Mutter sich an eine Rechtsanwaltspraxis wenden. Denn nur Mitglieder der Anwaltskammer dürfen rechtsverbindliche Beratung machen und entsprechende Schritte einleiten.

Auf Mutterschutzstreitigkeiten spezialisierte AnwältInnen können Sie über den Anwalt-Suchservice finden. Der von den teilnehmenden AnwältInnen finanzierte Service kostet Sie selber nur die Telefongebühren.

▶ *Gewerbeaufsichtsamt, Dezernat Mutterschutz, Roonstr. 20, 90429 Nürnberg, Tel. 928 28 85, 28 77 u. 28 83, 28 79.*
▶ *Bundesweiter Anwalt-Suchservice, Tel. 0180-525 45 55.*

Bayerisches Rotes Kreuz
Nunnenbeckstr. 43, 90489 Nürnberg, Tel. 530 12 80.
Sozusagen noch in den Kinderschuhen steckt ein Projekt des Bayerischen Roten Kreuzes. Die engagierten BRK-FamilienarbeiterInnen haben sich einen Frauenworkshop ausgedacht, der zunächst ein paarmal testweise durchgeführt wird. Thema ist das Jonglierspiel mit Beruf, Kind und

Viele Fragen lassen sich bereits telefonisch klären

WO MACHE ICH MICH SCHLAU?

Haushalt, das die Frauen oft an ihre Belastungsgrenzen bringt. Im Workshop sollen sie lernen, Belastungen richtig einzuschätzen und neu zu gewichten. Angeboten werden fünf Gesprächsabende und ein Wochenendkurs. Wenn genug Frauen ihr Interesse anmelden, wird der Workshop fest ins Programm aufgenommen. Info und Anmeldung Mo-Fr 8.30-12 Uhr.

Bildungszentrum *Gewerbemuseumsplatz 1, 90403 Nürnberg, Tel. 231 31 47.*
Für Frauen, die sich trotz Babyglück nicht völlig aus der Berufswelt verabschieden möchten, bietet das Bildungszentrum viele Weiterbildungskurse an. Überlegen Sie ruhig schon in der Schwangerschaft, ob sich NachbarInnen findet, mit denen Sie sich in der Kinderbetreuung abwechseln können und nutzen Sie den Erziehungsurlaub für den lange aufgeschobenen Italienisch-Kurs oder einen Einblick ins Internet! Auch die VHS Fürth (→ S. 48) und Erlangen (→ S. 26) sind lohnenswerte Qualifikationsstellen.

Frauenbeauftragte der Städte
Der Arbeitgeber muß Sie nach dem Erziehungsurlaub wiederbeschäftigen. Doch nicht immer klappt der reibungslose Wiedereinstieg. Die alte Stelle ist inzwischen besetzt, das berufliche Wissen hat sich weiterentwickelt, und oft möchte die Frau mit Kind nur noch halbtags arbeiten. Am besten halten Sie auch während der arbeitsfreien Zeit Kontakt mit Ihrer Stelle und reden frühzeitig über neue Mitarbeitsmöglichkeiten. Gute Anlaufstellen für berufliche Fragen von Erziehungsurlauberinnen sind die Frauenbeauftragten der Städte. Hier wissen die Frauen Bescheid über Betreuungsangebote, finanzielle Hilfen und Beratungsstellen. „In Krisenfällen versuchen wir auch, einen Kompromiß zwischen Arbeitgeber und der Frau zu vermitteln", sagt Frau Aschmann aus Erlangen. Eine tolle Hilfe für Schwangere in Nürnberg ist die kostenlose Broschüre „Wenn Sie ein Kind erwarten", die Frau Hiller vom Frauenbüro Nürnberg gründlich und umfassend recherchiert hat.

▶ *Frauenbüro der Stadt Nürnberg, Fünferplatz 1, 90403 Nürnberg, 231 41 84 u. -41 85.*
▶ *Frauenbeauftragte der Stadt Fürth, Königstr. 88, 90744 Fürth, Tel. 0911-974 12 35,* Mo-Fr 10-12 und Mo 14-17 Uhr.
▶ *Gleichstellungsstelle der Stadt Erlangen, Rathausplatz 1, 91052 Erlangen, Tel. 09131-86 23 39 u. -86 29 86.*

*Ihr Kind und Sie –
eine Welt für sich*

SELBSTHILFEGRUPPEN

ALLEINERZIEHEND GUT BERATEN

BERATUNGSSTELLEN

Alleinerziehende Mütter und Väter im evang.-luth. Dekanatsbezirk Nürnberg, Haus Eckstein *Burgstr. 1-3, 90403 Nürnberg, Tel. 214 21 00.* Tanztag, Schnuppercafé und Meditation – das halbjährlich erscheinende Programm für Alleinerziehende im kirchlichen Haus Eckstein liest sich fast wie eine Volkshochschulbroschüre. Die engagierten Mitarbeiterinnen bieten neben den Workshops, Ferienfahrten und Gruppentreffen aber auch Beratungsgespräche an. Dabei beginnt die Hilfe so früh wie möglich, beispielsweise wenn die ersten Gedanken an Trennungsabsichten auftauchen, und erstreckt sich über Scheidungsfragen bis zur Neuorientierung für das Leben allein bzw. mit Kind. Selbstverständlich gibt es auch extra Kontaktgruppen für Väter und sogar Angebote für alleinerziehende Großmütter oder -väter.

Weitere Adressen
An folgende Beratungsstellen können sich alleinstehende schwangere Frauen wenden.
▶ *Allgemeiner Sozialdienst, Dietzstr. 4, 90317 Nürnberg, Tel. 231 38 56, -28 89.* Soziale Mütterberatung bei persönlichen und finanziellen Fragen, rechtlichen Problemen, familiären und gesundheitlichen Unsicherheiten, Anträge auf Landesstiftung „Mutter und Kind".
▶ *Diakonisches Werk Bayern, Referat Alleinerziehende, Fr. Gröne, Pirckheimer Str. 6, 90408 Nürnberg, Tel. 935 43 20 u. -21.* Vermittelt Beratungsadressen im gesamten Großraum, hat Ferien- und Veranstaltungsbroschüren.
▶ *Frauenbeauftragte der Städte* (→ S. 15). In Nürnberg gibt es eine adressenreiche, kostenlose Broschüre „Alleinerziehen in Nürnberg".
▶ *Jugendamt, Stadt Fürth, Königsplatz 2, 90744 Fürth, Tel. 0911-974 15 11.*
▶ *Allgemeiner Sozialdienst, Jugendamt der Stadt Erlangen, Rathausplatz 1, 91052 Erlangen, Tel. 09131-86 25 16.* Hilfe beim Umgangs- und Sorgerecht, bei der Reorganisation des Alltags, bei finanziellen, persönlichen Problemen und Wohnungsschwierigkeiten.
▶ *Diakonisches Werk Erlangen, Raumerstr. 9, 91054 Erlangen, Tel. 09131-78 03 22.*

SELBSTHILFEGRUPPEN

Grünes Sofa – Selbsthilfe Organisation für alleinerziehende Mütter und Väter, Im Fischhäusla *Dechsendorfer Str. 1, 91054 Erlangen, Tel. 09131-20 89 14.*

ALLEINERZIEHEND GUT BERATEN

Auf dem grünen Sofa im gemütlichen Fischhäusla treffen sich die Alleinerziehenden in Erlangen. Hier wird Kaffee getrunken, gemeinsam gebastelt und gefeiert. Alle vier Wochen kommt ein Rechtsanwalt ins Haus, beantwortet Fragen und gibt aktuelle Infos. Nicht-Berufstätige helfen bei der Kinderbetreuung in den Ferien oder in Notfällen. Überhaupt wird die Selbsthilfe großgeschrieben. Beim „Treffen der an Mitarbeit Interessierten" kann jede/r neue Ideen einbringen.

Verband Alleinstehender Mütter und Väter e.V. (VAMV)
Westendstr. 28, 90427 Nürnberg, Tel. Fr. Bulla, Tel. 318 88 90. Hr. Mößner, Tel. 529 87 69.
Knapp zwei Millionen alleinerziehende Mütter und Väter mit Kindern leben in Deutschland. Für die Verbesserung der Lebensbedingungen dieser „Ein-Eltern-Familien" setzt sich der VAMV ein. Die Mitglieder der Nürnberger Gruppe sind Anlaufstelle bei Fragen zu Sorgerecht oder Unterhalt. Außerdem treffen sie sich im Stadtteilhaus „Fisch", wo über Erziehung und den Umgang mit Behörden gefachsimpelt oder einfach nach Herzenslust gequatscht wird.
Auch gemeinsame Wochenendunternehmungen werden hier ausgeheckt. Treffen jeden zweiten Freitag 16-18.30 Uhr im *„Fisch", Brettergartenstr. 70, 90427 Nürnberg-Schniegling.*

Verwöhnen Sie sich mit schicker und bequemer Kleidung

Weitere Adressen
▶ *Loni Übler Haus, Marthastr. 60, 90482 Nürnberg, Tel. 54 11 56.*
Treffpunkt für alleinerziehende Frauen und ihre Kinder.
▶ *Interessenverband Unterhalt und Familienrecht, Bauvereinstr. 30, 90489 Nürnberg, Tel. 55 04 78.*
Sprechzeiten Mo-Fr 8-13 Uhr. Hilfe bei familienrechtlichen Problemen.
▶ *Treffpunkt Alleinerziehender Mütter und Väter, Evangelisches Bildungswerk Fürth, Benno-Mayer-Str. 9, 90763 Fürth, Tel. 0911-74 57 43.*
Erfahrungsaustausch und gemeinsame Unternehmungen.

SCHWANGERSCHAFTSKLEIDUNG

AUCH MIT DICKEM BAUCH GUT ANGEZOGEN

SCHWANGERSCHAFTSKLEIDUNG

Glückskind *Johannisstr. 28 90419 Nürnberg, Tel. 33 14 91.* Zugegeben: Die Mode für Glückskinder ist nicht eben billig. Aber wirklich wunderschön! Hier finden Sie in ausgesuchten Stoffen und edlen Materialien raffinierte Lösungen, um den Bauch zu umschmeicheln. Das ideale Geschäft also, wenn Sie ein schickes Outfit für ein Familienfest, einen Opernbesuch oder die Betriebsfeier suchen. Natürlich sind auch bequeme Sachen für den Alltag dabei. Verwöhnen Sie sich ruhig ein bißchen, vielleicht läßt sich ja das eine oder andere Stück nach neun Monaten im Secondhand-Laden wieder an die Frau bringen! Filiale in Fürth: *Rudolf-Breitscheid-Str. 12, 90762 Fürth, Tel. 0911-77 26 20.* Öffnungszeiten Mo-Fr 10-18, Sa 10-14 Uhr.

Sonjas Umstandsmoden *Kuttlerstr. 21, 91054 Erlangen, Tel. 09131-253 67.* „Natürlich weiß ich, was Schwangere brauchen. Aber vor allem weiß ich aus eigener Erfahrung auch, was sie nicht brauchen", sagt die Inhaberin von Sonjas Umstandsmoden, denn sie ist selber Mutter, und Schwangere sind bei ihr in den besten Händen. Kurze Stretchröcke, gemusterte Strumpfhosen, T-Shirts und Latzhosen – für Schwangerschaftskleidung von elegant bis sportlich ist der Laden eine Fundgrube.
Für alle, die vor dem großen Ereignis noch schnell „ja" sagen wollen: Hier gibt es auch bauschige Brautkleider für Schwangere! Und wer die Geburt musikalisch untermalen möchte, besorgt hier eine Kassette mit beruhigenden Klängen für Mami und Baby. Öffnungszeiten Mo-Fr 9-13.30 und 15-18, Sa 9-14 Uhr.

Weitere Adressen
▶ *Dominic Dessous und Umstandsmoden, Dr.-Kurt-Schumacher-Str. 19, 90402 Nürnberg, Tel. 22 33 36.* Freundliche Beratung, Wäsche und flotte Oberbekleidung. Öffnungszeiten Mo-Fr 9.30-19 Uhr, Do 9.30-20 Uhr, Sa 9.30-16 Uhr.
▶ *Prénatal, Färberstr. 20, 90402 Nürnberg, Tel. 205 91 80.* Wäsche und junge Oberbekleidung, gute Beratung und als Geschenk ein Buch mit Tips zur Schwangerschaft. Öffnungszeiten Mo-Mi 9.30-18.30, Do/Fr 9.30-20, Sa 9.30-16 Uhr.
▶ *Büchner-Kleinknecht, Hauptstr. 63, 91054 Erlangen, Tel. 09131-250 52.* Badeanzüge, Wäsche, Still-BHs.
▶ *Storchennest, Häuslinger Str., 91056 Erlangen-Büchenbach, Tel. 09131-99 05 98.* Umstands- und Umstandsbademode, Still-

AUCH MIT DICKEM BAUCH GUT ANGEZOGEN

Ob ich wohl ein Schwesterchen bekomme?

nachthemden, Wäsche, Pezzi-Bälle und Spezialkissen, Tragetücher, Milchpumpenverleih. Öffnungszeiten Mo-Mi 9.30-13 und 14.30-18, Do 9.30-13 Uhr oder nach Vereinbarung.
▶ *Max und Moritz, Kaufladen für Mutter und Kind, An der Fleischbrücke 4, 91126 Schwabach, Tel. 09122-41 17.*

SECONDHAND-KLEIDUNG

Kinderzuerst *Klaragasse 6, 90402 Nürnberg, Tel. 24 16 74.* Von der Umstandshose zum Still-BH und von der Strampelhose bis zum Buggy: Das größte Angebot für Secondhand-Umstandskleidung, Kindermode und Babyerstausstattung im Großraum liegt in den Regalen von Kinderzuerst. Auf 150 qm Verkaufsfläche finden Sie wirklich alles für Mami und Baby, in guter Qualität und für wenig Geld. Größere Kinder spielen mit Schaukelpferd, Tretauto und Baggern, während die Eltern sich in Ruhe umsehen.
Und wenn Sie nach der Schwangerschaft noch gut erhaltene Sachen loswerden wollen: Der freundliche Laden nimmt sie gern in Kommission. Geöffnet Mo-Fr 10-18 und Sa 10-14 Uhr.

Weitere Adressen
▶ *Das Schränkla, Mütterzentrum Fürth* (→ S. 89). Liebevoll betreute und prall gefüllte Fundgrube für Schwangere im Mütterzentrum. Öffnungszeiten jeden 1. Di im Monat 16-18, jeden 2. Do im Monat und jeden 3. Sa im Monat 9.30-11 Uhr.
▶ *Die Strampelhose, Königstr. 65, 90762 Fürth, Tel. 0911-74 56 60.* Umstandsmoden, Babykleidung, Spielsachen, Kinderwagen und anderes Zubehör. Öffnungszeiten Mo-Fr 9-12 und 15-18 Uhr, Sa 9-13 Uhr.
▶ *Kinderlädchen, Goethestr. 5, 91054 Erlangen, Tel. 09131-20 59 84.* Kleine Auswahl an Umstandsmoden, dazu Baby- und Kinderausstattung, Spielsachen, Hochstühle und anderes Zubehör. Öffnungszeiten Mo 14.30-17.30, Di-Fr 10-13 Uhr.

DAS KIND LIEGT ANDERSHERUM ODER QUER

IN GUTEN HÄNDEN BIS ZUM ENDSPURT

DAS KIND LIEGT ANDERS-HERUM ODER QUER

Die Moxa-Behandlung
Wenn sich Babys bis zur 34. Woche im Bauch der Mutter nicht selbständig aus der Beckenendlage in die Schädellage gedreht haben, also nicht mit dem Kopf nach unten liegen, kann ein wenig nachgeholfen werden. Die Moxa-Behandlung ist eine sanfte Spezialtherapie bei Beckenendlage (kurz: BEL) des Babys: Diese Wärmebehandlung soll bewirken, daß die Kinder sich selbständig aus der Steißlage in die Schädellage drehen. Bei dieser natürlichen Methode werden mit einer Art Zigarre aus Moxakraut, getrocknetem Beifußkraut oder Beifußkohle Akupunkturpunkte an den Füßen der Schwangeren erwärmt. So wird einem bestimmten Punkt auf der Haut Energie zugeführt, die sich, wie bei der Akupunktur, im Körper verbreitet und sogenannte Energieblockaden löst. Das kann dazu führen, daß sich das Kind dreht. Die Behandlung wird in der Regel von Hebammen durchgeführt. Viele Frauen wenden diese Methode auch selbst zu Hause an, nachdem sie vorher von einer Hebamme eingeführt wurden. Eine Nachuntersuchung durch eine Hebamme ist dann allerdings empfehlenswert. Unterstützt mit Fuß-reflexzonen-Therapie bietet u.a. das Hebammenhaus in Nürnberg (→ S. 38) die Moxa-Therapie an.

Die Indische Brücke
Eine weitere sanfte Methode, das Baby nach der 34. Woche zum Purzelbaum zu bewegen, ist die Indische Brücke. Das ist eine einfache Yogaübung, bei der das Becken hochgelagert wird. Die Frauen können sie nach Einweisung durch die Hebamme leicht zu Hause durchführen.
Und noch ein kleiner Tip: Reden Sie mit ihrem Baby! Erklären Sie ihm, wie sehr Sie sich wünschen, daß es sich dreht. Manchmal klappt es.
▶ *Hebammenhaus, Nürnberg (→ S. 38).*
▶ *Christine Koch, Rheinstr. 14, 91052 Erlangen, Tel. 09131-165 04.*

IN GUTEN HÄNDEN BIS ZUM ENDSPURT

Die Äußere Wendung

Wenn die sanften Methoden keinen Erfolg zeigen, versuchen einige ÄrztInnen die sogenannte äußere Wendung. Diese nicht ganz einfache Behandlung muß in der Klinik von einem/r erfahrenen Arzt/Ärztin unter kontinuierlicher Überwachung der kindlichen Herztöne durchgeführt werden. Dabei versucht der/die MedizinerIn das Kind von außen zu ertasten und aus dem Becken herauszuschieben. In den meisten Fällen dreht sich das Kind dann von selbst in die richtige Position. Nürnberger Kliniken führen die äußere Wendung nicht durch, doch die Frauenklinik im Klinikum Bamberg (Buger Str. 80, 96049 Bamberg, Tel. 0951-50 30) und die Geburtshilfeabteilung im Klinikum Haßfurt (Hofheimer Str. 69, 97437 Haßfurt, Tel. 09521-280) haben entsprechende SpezialistInnen im Haus.

Einen Erfolg garantiert übrigens keine der Methoden, doch das ist kein Grund zur Verzweiflung: Im Südklinikum Nürnberg (siehe Kliniktabelle) wird sehr erfolgreich spontan aus der Beckenendlage entbunden.

GEBURTSVORBEREITUNG

Caritasverband Erlangen
Mozartstr. 29, 91052 Erlangen, Tel. 09131-885 60. Kontakt: Fr. Dörfler.
Wir erwarten ein Kind – was kommt auf uns zu? Umfassende Antworten auf alle Jungelternfragen gibt der Paarkurs beim Caritasverband Erlangen. Die Geburtsvorbereiterin Katrin Dörfler listet auf, welche Anschaffungen rund ums Baby wirklich nötig sind, und zeigt, wie das Kind sicher in der Wanne gehalten und gewickelt wird. Die Wahl der Klinik, der Geburtsablauf, die Unterstützung durch den Partner und die seelische Einstimmung auf das Eltern-

Sorgen Sie gut für sich und Ihr Baby!

GEBURTSVORBEREITUNG

werden sind Themen in der Gesprächsrunde. Zur körperlichen Vorbereitung runden Entspannungsgymnastik, Atemübungen und Massagen das Komplettprogramm ab.

Doris Sudermann
Schleiermacherstr. 12, 90491 Nürnberg, Tel. 598 18 59.
In dem gemütlichen Raum bei der Geburtsvorbereiterin Doris Sudermann fühlen sich die Frauen sofort wohl. Die mehrfache Mutter übt viel Yoga und Entspannung mit ihnen und bereitet sie auch auf die großen seelischen Umwälzungen vor, die die Ankunft des Kindes mit sich bringt. Die Frauen und Paare reden über Ängste und Zukunftsvorstellungen und unternehmen Phantasiereisen zurück in die eigene Kindheit. Frauenlieder und kurze Mantras helfen den Frauen, sich auch in den schwierigen Phasen der Geburt zu öffnen und so den Schmerz leichter zu ertragen. Und noch etwas: Für Wassergeburten vermietet Doris Sudermann ein Wasserbecken.

Kinderschutzbund Erlangen
Waldstr. 18, 91054 Erlangen, Tel. 09131-20 91 00. Kontakt: Fr. Meissner.
Muttermilch ist vom ersten Tag an die beste Nahrung für Neugeborene. Für das problemlose Stillen kann es sehr hilfreich sein, wenn die Mutter schon vorher einiges darüber weiß. Die Stillgruppenleiterin Ines Meissner erklärt die Phasen der unterschiedlichen Milchproduktion und das komplizierte Wechselspiel zwischen Mutter und Kind. Sie gibt Tips, damit unerfahrene Mütter nicht verzweifeln, wenn das Baby nicht trinken will oder die Milch nicht auszureichen scheint.
Der Stillvorbereitungsabend findet jeden dritten Montag im Monat statt, und zwar im Januar, März, Mai, Juli, September und November, jeweils um 18.30 Uhr. Ist der Montag ein Feiertag, verschiebt sich die Veranstaltung um eine Woche. Übrigens: Sehr stillfördernd sind aufmunternde Worte vom jungen Papi, werdende Väter sind also gern gesehen!
Im Stilltreff, dem „Café au lait", kommen stillende und werdende Mütter zu Gesprächsrunden und Vorträgen zusammen, jeden Do von 15-17 Uhr. Dazu gibt's in der Handbibliothek Bücher zum Stillen und eine Spielecke für Geschwisterkinder. Telefonberatung bei Fr. Kuschel, Tel. 09131-45 05 01 und Fr. Schäfer-Braun, Tel. 09131-38 00. Zudem bietet der Kinderschutzbund in unregel-

IN GUTEN HÄNDEN BIS ZUM ENDSPURT

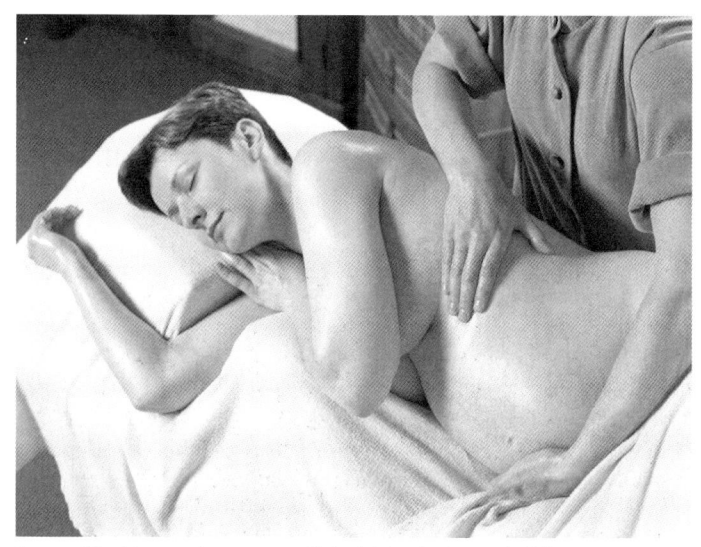

Lassen Sie sich verwöhnen – zum Beispiel durch eine sanfte Massage

mäßiger Folge auch Infoabende zum Wickeln mit Stoffwindeln an. Einfach mal telefonisch anfragen!

Seminarzentrum Sephirot, Schmidt und Sieck
Obermaierstr. 18, 90408 Nürnberg, Tel. 699 62 53.
Wer es einmal gespürt hat, sehnt sich immer wieder danach: Bei der Klangmassage wird eine tibetanische Schale in Schwingungen versetzt. Erst kribbelt es ganz leise, dann schwillt der Klang an, breitet sich bis in Finger- und Fußspitzen aus und erfüllt den ganzen Körper. Jede Zelle scheint in der harmonischen Bewegung der sanft tönenden Schale mitzuschwingen, Ton und Vibration wirken lösend und beruhigend. Gerade in der Schwangerschaft ist eine solche Totalentspannung eine wunderschöne Erfahrung.
Im Seminarzentrum Sephirot können auch Schwangere an einer Einführung in die Klangmassage teilnehmen, am wirkungsvollsten ist die Methode aber, wenn sie regelmäßig in der Geburtsvorbereitung angewendet wird. Felicitas Sieck vom Seminarzentrum nennt gern Hebammen, die mit der Klangmassage vertraut sind, eine davon ist Heike Giering, Tel. 76 33 05.

Tanzbühne – Studio für Orientalischen Tanz *Zufuhrstr. 8, 90443 Nürnberg, Tel. 26 26 94.*

Erwarten Sie ein Baby?

... oder sind Sie bereits glückliche Mutti?

Im neuen Baby-Walz-Katalog finden Sie auf über <u>400 Seiten</u> alles, was Sie für sich und Ihr Baby brauchen. Dazu tolle Umstandsmode auf über 50 Seiten!

Ihr Gratis-Katalog über 400 Seiten

Fordern Sie Ihren Katalog jetzt an! Einfach Postkarte absenden oder anrufen: 01 80-5 40 11

Baby-Walz Fachgeschäfte finden Sie in:
Augsburg · Bad Waldsee · Freiburg · Freilassing · Göppingen · Heilbronn
Ingoldstadt · Kempten · Konstanz · Landau · Leipzig · Ludwigshafen
Mannheim · München/Haar · Nürnberg · Passau · Stuttgart · Ulm

Katalog-Gutschein

Bitte freimachen, falls Marke zur Hand

Antwort

baby-walz

Europas größtes Spezialversandhaus für Mutti und Kind

88336 Bad Waldsee

KZ 359

Ihr Gratis-Katalog

Ja, bitte senden Sie mir den neuen, kostenlosen Baby-Walz-Katalog!

Name

Vorname

Straße / Nr.

PLZ / Ort

Entbindungsmonat / Jahr bzw. Geburtsdatum Ihres Kindes / Vorname

... und einen weiteren Katalog bitte an:

Name / Vorname

Straße / Nr.

PLZ / Ort

GEBURTSVORBEREITUNG

Nicht ohne Grund ist der Bauchtanz ein Fruchtbarkeitstanz. Arabische Frauen kennen und nutzen die weichen Bewegungen schon seit Jahrhunderten zur Entspannung und Stärkung der Beckenbodenmuskulatur. Gerade in der Schwangerschaft tun die sanften Bewegungen und der spannungslösende Schwung des Bauchtanzes Mutter und Baby gut. Die Tanzbühne bietet in ihrem großen, hellen Raum spezielle Kurse für Schwangere an, die auf die Kondition der werdenden Mamis und ihr Bedürfnis nach weichen Bewegungen Rücksicht nehmen. Vorkenntnisse sind dafür nicht erforderlich, der Einstieg in den Kurs ist jederzeit möglich. Besonders schön: Mit dem Schwangeren-Bauchtanz kann schon am Anfang der Schwangerschaft begonnen werden, und die Kurse finden fortlaufend statt, so daß die Frauen sehr früh andere werdende Mütter kennenlernen. Nach der Geburt können die Frauen mit Baby wiederkommen und an der Iso-Gym teilnehmen, einer speziellen Gymnastikform mit vielen Bauchtanzelementen, die vor allem die Beckenbodenmuskulatur stärkt und wie eine Rückbildungsgymnastik wirkt. Die Kosten pro Kurs liegen monatlich zwischen DM 55 und 75.

Volkshochschule Erlangen
Friedrichstr. 19-21, 91054 Erlangen, Tel. 09131-86 26 68.
Der richtige Atemrhythmus ist nicht nur während der Geburt wichtig. Auch schon in der Schwangerschaft wirken Atemübungen aus der Yogalehre beruhigend und entspannend. Überhaupt ist Yoga eine gute Möglichkeit, An- und Entspannungen im Körper aufzuspüren und den bewußten Umgang damit zu lernen. Die Übungen, die die Hebamme Christine Koch im Volkshochschulkurs zeigt, können während der ganzen Schwangerschaft ausgeführt werden. Oft ist die Begeisterung für die altasiatische Entspannungstechnik aber so groß, daß sie noch lange über diese Zeit hinaus anhält.

Im Programm der VHS Erlangen steht auch eine Ganzheitliche Geburtsvorbereitung für Paare. Mit Fußreflexzonenmassage, Stillinfos und Atemhilfe werden die Eltern auf eine möglichst natürliche Geburt vorbereitet.

Wer viele praktische Tips sucht, ist im Seminar „Wir bekommen ein Baby" richtig. Hier gibt's Tips zur Ernährung und Anschauungsmaterial zur Erstausstattung. Filme über den Geburtsablauf stimmen die Eltern auf das große Ereignis ein.

IN GUTEN HÄNDEN BIS ZUM ENDSPURT

Volkshochschule Fürth
*Hirschenstr. 27/29, 90762 Fürth,
Tel. 0911-974 17 00.*
Im Laufe der Schwangerschaft gewinn der Bauch spürbar an Gewicht. Da wünscht frau sich schon manchmal, jemand nähme ihr die Last ab. Das geht natürlich nicht, aber ein ganzes Stück leichter wird die strampelnde Last im Wasser schon. Und beim Räkeln und Ausstrecken kann sich auch die stark beanspruchte Wirbelsäule dehnen und entspannen. Die meisten Frauen genießen daher das Schweben im warmen Wasser und gehen während der Schwangerschaft sehr gern zum Schwimmen. Die Volkshochschule Fürth bietet zusätzlich einen Kurs mit Bewegung im Wasser für schwimmende und nichtschwimmende Schwangere an. Durchgeführt werden die Kurse im Becken des Fürther Klinikums. Da haben Schwangere das warme Wasser ganz für sich allein, können in Ruhe entspannen und sanfte Gymnastikübungen machen. Neben diesen „nassen" Kursen bietet die VHS auch Geburtsvorbereitung für Paare und einen Yogakurs für Schwangere an.

Zentrum Koberger Straße
*Koberger Str. 79, 90408 Nürnberg,
Tel. 36 16 26.*
„Geburtsvorbereitung? Alles kalter Kaffee, schließlich habe ich schon ein Kind!" Zum zweiten Mal in einen Schwangeren-Kurs zu gehen, finden viele Frauen überflüssig.

Auch im Zentrum Koberger Straße haben die Sozialpädagoginnen und Psychologinnen gemerkt, daß die Anfängerfragen der Erstlings-Eltern für Zweitgebärende kein Thema mehr sind. Dafür haben diese ganz andere Probleme. Wird die zweite Geburt genauso wie die erste? Wie werden Kronprinz oder Kronprinzessin auf das Geschwisterchen reagieren?
Neben den „normalen" Geburtsvorbereitungskursen hat das Zentrum also ein Angebot für Frauen, die schon Kinder haben, eingerichtet. Außer den üblichen Atem-, Gymnastik- und Entspannungsübungen gibt es hier Gespräche zur neuen Familiensituation, über Geschwisterliebe und Eifersucht.
Die Koberger haben überhaupt einen Blick für das Besondere: Ihr Säuglingspflegekurs spricht nicht nur werdende Mütter und Väter an, sondern wendet sich genauso an Großeltern, die ihre Erfahrungen mit den eigenen Kindern um neue Erkenntnisse erweitern wollen.

GEBURTSVORBEREITUNG

Fitneß „zu zweit" macht Spaß!

Weitere Adressen
Das Angebot an Geburtsvorbereitungskursen ist riesig. Nicht nur Hebammen (→ S. 29) bilden entsprechende Kurse an, sondern auch das Hebammenhaus und Krankenhäuser mit Geburtshilfestationen (siehe Kliniktabelle). Wer sich bereits für eine Klinik entschieden hat, kann dort nachfragen. Desweiteren bieten folgende Einrichtungen Kurse an:

▶ *Bayerisches Rotes Kreuz, Nürnberg, Fr. Meves* (→ S. 14). Geburtsvorbereitung für Frauen und für Paare, Säuglingspflegekurs. In Fürth: *Fr. Volz, Henri-Dunant-Str. 90762 Fürth, Tel. 0911-779 81 13*. Yoga für Schwangere. In Erlangen: *Fr. Frank, Karl-Zucker-Str. 18, 91052 Erlangen, Tel. 09131-60 11 37*.

▶ *Evangelische Familienbildungsstätte, Nürnberg* (→ S. 67). Geburtsvorbereitung für Frauen und Paare, Säuglingspflege. Geburtsvorbereitung für Migrantinnen, „Deutsch im Kreißsaal" für Migrantinnen.

▶ *Kinderstube, Nürnberg* (→ S. 35), Säuglingspflegekurs.

▶ *Zoff und Harmonie, Nürnberg* (→ S. 88). Partnerschaftliche Geburtsvorbereitung, Säuglingspflege.

Die Gesundheitsämter in Fürth und Erlangen halten Listen bereit, die einen Überblick über das Angebot in den beiden Städten liefern:

▶ *Gesundheitsamt Erlangen, Fr. Gröner* (→ S. 6).

▶ *Staatliches Gesundheitsamt Fürth, Fr. Rösch-Grimmel, An der Post 7, 90762 Fürth, Tel. 0911-74 91 40*.

Wer Auskünfte über Hebammen sucht, ist hier richtig:

▶ *Bund deutscher Hebammen in Bayern, Karen Brandl, Am Kastanienbaum 1, 86720 Nördingen, Tel. 09081-233 68*.

In liebevollen Händen fühlt sich Ihr Baby pudelwohl

HEBAMMEN

▶ *Bund freiberuflicher Hebammen Deutschlands, Clea Nuss-Troles, Tel. 02162-35 21 49.* Mi 17-19 Uhr, Mo 22-23 Uhr.
Geburtsvorbereiterinnen dürfen im Gegensatz zu Hebammen keine Geburten durchführen und bieten keine Nachsorgebetreuung an. Adressen von Geburtsvorbereiterinnen vermittelt dieser Verband:
▶ *Gesellschaft zur Geburtsvorbereitung, Dellestr. 4, 40627 Düsseldorf, Tel. 0211-25 26 07.*

HEBAMMEN

Die Hebamme ist die wichtigste Kontakt- und Beratungsperson der Frau während der Schwangerschaft und der ersten Zeit mit dem Baby. Grundsätzlich führen die Hebammen Vorsorge, Geburtshilfe und Nachsorge durch, und zwar im Rahmen der von den Krankenkassen erstatteten Leistungen. Was aber die einzelne Hebamme anbietet, kann sehr unterschiedlich sein, sowohl von der Methodik als auch vom Angebot her. Manche spezialisieren sich auf Geburtsvorbereitung, andere begleiten Hausgeburten oder bieten zusätzlich Rückbildungskurse und Babymassage an.

Wenn Sie Ausschau nach einer freien Hebamme halten, sollten Sie möglichst eine wählen, die Sie persönlich anspricht und die in Ihrer Nähe wohnt. Es ist bei eventuell auftretenden Schwangerschaftsbeschwerden oder für die Nachsorge praktisch, wenn die Hebamme schnell mal bei Ihnen vorbeispringen kann. Bemühen Sie sich auch frühzeitig um eine Hebamme, denn gerade bei der Nachsorge gibt es im Raum Nürnberg oft Engpässe.

Um Ihnen die Suche zu erleichtern, halten folgende Stellen Hebammenlisten bereit:
▶ *Gesundheitsämter* (→ S. 6). Alle Hebammen müssen sich bei den Gesundheitsämtern melden, diese haben folglich aktuelle und vollständige Hebammenlisten. Allerdings führen die Ämter nur die Adressen der Hebammen und keine Infos über ihr jeweiliges Angebot.
▶ *Hebammenverband Mittelfranken, Rothenburger Str. 17a, 91583 Schillingsfürst, Tel. 09868-15 03.* Der Hebammenverband gibt eine Broschüre heraus, in der die Mitgliedshebammen sowie eine kurze Beschreibung des Angebots aufgeführt sind.
▶ *FGZ* (→ S. 6). Das Frauengesundheitszentrum führt eine eigene umfangreiche Hebammenkartei für den gesamten Großraum, in der die Methoden der Hebammen beschrieben sind. Öffnungszeiten Mo-Fr 17-19 Uhr.
▶ *Hebammenliste Erlangen und Erlangen-Land von Gisela Höfer, Straßberg, Tel. 09131-99 31 35.* Mit kurzer Angebotsbeschreibung.

Weitere Adressen

Folgende Hebammen haben sich etwas ganz Besonderes für die

JETZT KANN DAS BABY KOMMEN

werdenden Mamis ausgedacht:
▶ *Johanna Beloch, Siemensstr. 32, 90459 Nürnberg, Tel. 446 79 75.* Wassergymnastik, Wasser-Shiatsu, Babyschwimmen.
▶ *Doris Bittner, Leipziger Str. 68, 90765 Fürth,* Geburtsvorbereiterin und PEKiP-Leiterin, Schwangerenschwimmen (→ S. 73).
▶ *Marina Lippl, Adlitz 49, 91080 Marioffstein, Tel. 09131-527 61.* Beratung und Betreuung bei Schwangerschaftsbeschwerden, psychosomatische Geburtsvorbereitung, Säuglingspflegekurs, Nachsorge, Rückbildung und Babymassage, Stillgruppe.
▶ *Elisabeth Örnek, Michael-Vogel-Str. 28, 91052 Erlangen, Tel. 09131-30 22 42.* Geburtsvorbereitung, Wochenbettbetreuung, Einführung ins Wickeln mit Baumwollwindeln.
▶ *Christine Koch, Rheinstr. 14, 91052 Erlangen, Tel. 09131-165 04.* Yoga für Schwangere, Geburtsvorbereitung für Paare.
▶ *Kerstin David, An den Weiherwiesen 6, 91334 Hemhofen, Tel. 09195-41 76.* Babymassage, Hausgeburt.

JETZT KANN DAS BABY KOMMEN

BABYMÖBEL

Massivholzmöbel eignen sich besonders gut für die Ausstattung des Kinderzimmers, denn sie sind stabil und oft ohne Verwendung von Schadstoffen gefertigt. Viele dieser Stücke können Sie umbauen und lange weiterverwenden. Um Ihr Lieblingsmöbel zu finden, müssen Sie sicher ein wenig herumfahren.
▶ *Der Schubladen, Brettergartenstr. 97b, 90427 Nürnberg, Tel. 326 27 47.*
▶ *Möbelum, Rollnerstr. 123, 90408 Nürnberg, Tel. 36 40 92.* Wiegen, Kinderbetten, Wickelkommoden, Schränke, Tripp-Trapp-Stuhl, Regale, Treppengitter, Matratzen, Bettwäsche, Holzspielzeug, Stofftiere, flottes junges Design, Superpreise, wenig Beratung.
▶ *Wohngesund, Marienstr. 7, 90402 Nürnberg, Tel. 20 46 26.* U.a. Massivholz-Leihwiege.
▶ *Skan Møbler, Fritz-Gastreich-Str. 3, 90765 Fürth, Tel. 0911-79 49 78.* Kinderbetten, Wiegegitterbett, Matratzen, Kommoden und viele Wickelaufsätze, Schränke in Massivholz zu reellen Preisen.
▶ *Bornemann und Schaupp, Hauptstr. 71, 91054 Erlangen, Tel. 09131-20 93 74.* Wiegen, Wickeltische, Schränke.

BABYSPIELZEUG

Selbersitzen bringt Spaß

Weitere Adressen
▶ *Baby-Discount, Ecke Röthensteig 25, 90408 Nürnberg, Tel. 36 20 36.* Großes Angebot an Kinderwagen, Gitterbetten, Autositzen. An einem Probierautositz können Sie den Gurtverlauf und die Paßform der Kindersitze prüfen. Angebot an Babykleidung.
▶ *Kinderwagen-Kraft, Pillenreuther Str. 63-65, 90459 Nürnberg, Tel. 44 14 37.* Kindermöbel, Wiegen, Hochstühle, Autositze, Kinderwagen, Reparaturdienst.
▶ *Babyfant, Fritz-Gastreich-Str. 3, 90765 Fürth, Tel. 0911-79 47 48.* Größter Babyausstatter in Fürth, gute Parkmöglichkeit, günstiges Angebot.
▶ *Kindermöbelfabrik Kienle, Ferdinandstr. 1, 96114 Hirschaid bei Bamberg, Tel. 09543-63 33.* Babyausstattung, Kinderzimmer, Autositze, Kinderwagen.
▶ *Paidi-Kindermöbel-Werk, Am Bahnhof, 97840 Hafenlohr, Tel. 09391-50 10.* Fabrikverkauf, 2. Wahl.

BABYSPIELZEUG

Die Spielzeugkiste
Am Trödelmarkt 15, 90403 Nürnberg, Tel. 22 48 32.
Wenn die Tür zu dem kleinen Geschäft aufgeht, fühlen sich Eltern und Kinder tatsächlich wie in einer Spielzeugkiste. Bis an die Decke und in engen Gängen rechts und links stapeln sich die bezauberndsten Holzspielsachen und die knuddeligsten Plüschtiere. Greiflinge, Stehaufmännchen, Kinderwagenketten, Spieluhren ... gibt es in dem liebenswerten kleinen Laden zu entdecken.

Kornblume *Schiffstr. 9, 91054 Erlangen, Tel. 09131-261 08.*
Die Glaskugeln vor dem Fenster leuchten hellbunt, wenn die Sonne in den Laden scheint, und verbreiten eine Stimmung wie fröhliches Kinderglück. Das Wohl der Kleinen liegt der Belegschaft der Kornblume sehr am Herzen. Erlangens Nummer 1 bei Holzspielzeug verkauft nur gut verarbeite-

tes, pädagogisch sinnvolles Spielzeug, dazu ein großes Sortiment an wunderschöner Naturkleidung und viel Literatur zu Erziehung, Ernährung und Gesundheit.

Obletter Spielwaren *Königstr. 2, 90402 Nürnberg, Tel. 207 75.* Selbst im Samstagmittagshochbetrieb bleiben die VerkäuferInnen im Obletter nett und gelassen. Wahrscheinlich sind sie auch einiges gewohnt, denn unbekannt ist der alteingesessene Laden in der Fußgängerzone nicht. Vor kurzem hat der Laden umgebaut und bietet nun neben einem ungewöhnlich breiten Spielwarenangebot auch eine große Ecke für die Markenspielsachen der Kleinsten. Auch der Obletter in Erlangen ist an Sortimentbreite nicht zu schlagen: Nürnberger Str. 24, 91052 Erlangen, Tel. 09131-20 69 38.

Spielzeug zum Kuscheln ...

zum Lachen ...

MOBIL MIT KIND

Kraxe, Kinderwagen und Co.
Für die ersten Monate eignen sich Tragehilfen, die das Kind an Ihrem Körper halten. Entweder besorgen Sie sich ein Tragetuch und lassen sich gründlich in die Kunst des Wickelns einführen, oder Sie greifen zu den praktischen Tragesäcken, die die Kinder mit einem Sitzhöschen halten. Sie werden meistens auf dem Bauch getragen. Sobald das Kleinkind seinen Kopf gut halten kann, bieten sich Kraxen an, die wie ein Rucksack auf dem Rücken getragen werden. Im Winter sollten Sie darauf achten, daß das Kind sich nicht unterkühlt.
Achten Sie bei Kinderwagen auf die TÜV-Plakette oder das GS-Zeichen für geprüfte Sicherheit. Modell und Ausführung richten

ERSTAUSSTATTUNG

sich nach Ihrem persönlichen Bedarf. Wer viel im Grünen unterwegs ist, sollte auf große breite Räder achten. An viele Kinderwagen und Buggys können Sie ein Kiddy-Board (gibt es für ca. DM 100) anhängen, auf dem das größere Geschwisterkind mitfährt. Praktisch sind auch Kinderfahrradsitze und Fahrradanhänger für Kinder. Leider liegt oder sitzt Ihr Kind in den Anhängern auf einer Höhe, wo die Autoabgaskonzentration besonders groß ist. Also nichts für lange Stadtfahrten.
▶ *Kinderwagen Kollischan, Fabrikvertretung, Jahnstr. 47, 90763 Fürth, Tel. 0911-71 19 96.*
▶ *Fa. Hauck-Kinderwagen, Fabrikverkauf, Frohnlacher Str. 8, 96252 Sonnefeld, Tel. 09562-84 16.*

Tragetücher

Ob vor der Brust, auf dem Rücken oder auf der Hüfte, in einem Tragetuch fühlt sich das Baby nicht allein, schläft besser und soll

zum Planschen ...

und zum Lernen ...

sogar intelligenter werden. Und Sie haben beide Hände frei. Die seit über 15 Jahren auch bei uns bewährten Marken-Tragetücher sind besonders fest gewebt und in vielen strahlend schönen Farben zu haben:
▶ *Hosenmatz, Nürnberg (→ S. 35).*
▶ *Naturkostladen Sonnenblume, Nürnberg (→ S. 72).*
▶ *Popolino, Nürnberg (→ S. 37).*
▶ *Kinderschutzbund Erlangen (→ S. 23).*

ERSTAUSSTATTUNG

Baby-Walz *Josephsplatz 34, 90403 Nürnberg, Tel. 214 77 66.*
An Nürnbergs Baby-Walz kommen junge Eltern nicht vorbei. Auf vier Etagen und über 600 qm Verkaufsfläche präsentiert sich mitten in Nürnberg ein Einkaufsparadies, das Spaß macht und äußerst praktisch ist. Das Saturn-Parkhaus ist gleich um die Ecke, also kann's beruhigt losgehen mit dem Großeinkauf von Umstandsmode, Kinderwagen, Strampelhöschen, Babyfläschchen, Steckspielzeug

JETZT KANN DAS BABY KOMMEN

Baby im Wohlfühl-Look

und Wickeldecken. Im vierten Stock finden Sie eine Stube für dringende Geschäfte des Babys. Gründlich auf den Einkauf vorbereiten können Sie sich mit dem Baby-Walz Katalog, der gratis zu Ihnen ins Haus kommt. Mitgeliefert wird der ausführliche Info-Sonderteil rund um Schwangerschaft, Geburt und Erziehung. Sie können beides per Telefon unter 0180-540 11, per Fax 07524-70 33 77 oder im Internet unter http://www.baby-walz.com anfordern.

BabyOne GmbH
Ostendstr. 115, 90482 Nürnberg, Tel. 544 28 44, Fax 544 28 45. Kontakt: Fr. Häckel, Fr. Loch.
Wie bunte Luftballons fliegen den KundInnen die Buchstaben des poppigen „BabyOne"-Logos entgegen. Und bunt ist auch die Angebotspalette im riesigen Fachmarkt rund um Baby und Kleinkind. Ob Buggy, Möbel, Laufgitter oder Kinderwagen – hier können Sie die Markenprodukte verschiedenster Anbieter einer kritischen Inspektion unterziehen. „Alles sehen, alles anfassen", lautet schließlich das Motto von „BabyOne". Bei der Nr. 1 für Babys finden Sie außerdem eine Ruhezone zum Entspannen und einen Wickelraum.
BabyOne gibt es auch in Erlangen, *Nürnberger Str. 31, 91052 Erlangen, Tel. 09131-89 86 76, Fax 09131-89 86 77.*

Gerberei Oechslen
Am Graben 8, 91578 Leutershausen, Tel. 09823-2 86.
Ein Schaffell macht jedes Bett zu einem molligen Nest. In der Gerberei Oechslen werden die Felle für Fußsäcke und Betteinlagen biologisch behandelt, d.h. sie dünsten kein Chemie aus und lassen das Baby gesund und ruhig schlafen. Öffnungszeiten Mo-Fr 8-12 und 13-18, Sa 8-12 Uhr.

Happy Baby *Reutleser Weg 8, 91058 Erlangen-Tennenlohe, Tel. 09131-77 12 60.*
Wickelauflagen, Kinderwagen, Strampelhosen und Klapperrasseln – Happy Baby bietet alles, was Eltern erwarten und sogar ein bißchen mehr. Oder hätten Sie eine Ritterburg in so einem Laden

KINDERKLEIDUNG

vermutet? Nun gut, die Burg ist genaugenommen ein Laufstall, in dem die Kleinsten so lange glücklich aufgehoben sind, bis die VerkäuferInnen den Eltern das breite Sortiment vorgeführt haben.

ERSTAUSSTATTUNG SECONDHAND-VERLEIH

Die Kinderstube
Schlotfegergasse 34, 90402 Nürnberg, Tel. 20 90 72.
Im neuen Baby-Service-Shop gleich gegenüber dem bewährten Stammgeschäft gibt es Kinderwagen, Wiegen, Wickeltische und Babykleidung aus zweiter Hand. Die Sachen können gekauft oder geliehen werden, gut Erhaltenes nimmt die Kinderstube in Kommission. Ein weiteres Special sind die kostenlosen Säuglingskurse, die junge Eltern an vier Abenden fit machen für Pflege, Bewegung, Ernährung und Notfälle im ersten Lebensjahr. Öffnungszeiten Mo-Mi 9.30-18, Do/Fr 9.30-20, Sa 9-16 Uhr. Secondhand Mo/Di 9.30-13, Do/Fr 14-18 Uhr.

KINDERKLEIDUNG

Der Hosenmatz
Meuschelstr. 30, 90408 Nürnberg, Tel. 36 15 93.
Ein Leben ohne Chemie eröffnet sich beim Betreten dieses Geschäftes: Das umfassende Sortiment reicht von Wolldecken, Baumwollbetten und Stoffwindeln über Tragehilfen und Still-BHs bis zur „ganz normalen" Babywäsche und -Oberbekleidung. Bei allen Stoffen sind nur reine Naturfasern ohne chemische Zusätze verarbeitet.

Weitere Adressen
▶ *Jacadi Kindermoden, Bankgasse 3, 90452 Nürnberg, Tel. 20 48 59.* Große Auswahl an traumhaft schöner Kindermode.
▶ *Glückskind, Nürnberg* (→ S. 19).
▶ *Nikkis Kindermoden, Mögeldorfer Hauptstr. 55, 90482 Nürnberg, Tel. 54 45 44.* Nette Beratung, besondere Sachen.
▶ *Balu, Friedrichstr. 17, 90762 Fürth, Tel. 0911-749 95 31.* Edler Laden mit Designermode für Kids.
▶ *Bubble Gum, Gustavstr. 16, 90762 Fürth, Tel. 0911-77 59 49.* Nettes Geschäft mit fröhlich-bunter und modischer Markenkleidung.
▶ *Baby- und Kinderboutique Klapperstorch, Wasserturmstr. 12, 91054 Erlangen, Tel. 09131-20 80 10.* Wunderschöne, etwas teurere Kinderboutique mit sehr vielen Babysachen.
▶ *Jan & Julia, Helmstr. 2, 91054 Erlangen, Tel. 09131-20 75 21.*

JETZT KANN DAS BABY KOMMEN

Unterwegs das Baby sicher im Griff

Kleiner, sehr freundlicher Laden mit neuer und Secondhand-Kinder- und Umstandskleidung.

SECONDHAND

Bazare
Kinderausstattungsbazare sind längst kein Geheimtip mehr. Im Frühjahr und Herbst veranstalten meist Kindergärten die beliebten und günstigen An- und Verkaufsmärkte. Auf keinen Fall versäumen sollten Sie die größten Veranstaltungen dieser Art, bei denen übrigens nicht nur Kleidung, sondern auch Autositze, Kinderwagen, Hochstühle und Spielsachen über die Tische gehen:

WINDELDIENSTE

▶ *Babyartikelmarkt des Bayerischen Roten Kreuzes, Nunnenbeckstr. 47, 90489 Nürnberg, Tel. 530 10.* Findet viermal jährlich statt, Termine telefonisch erfragen.
▶ *Ausstattungsbazar in der Stadthalle Erlangen.* Öffnet im Frühjahr und im Herbst seine Tore, Info unter *Tel. 09131-87 41 03.*
▶ Über Zwillingsartikelbazare informiert Sie der *Zwillingsclub* (→ S. 12).

Weitere Adressen
▶ *Spielwaren-Schweiger, Färberstr. 11, 90402 Nürnberg, Tel. 20 38 88 u. 241 89 89.*
▶ *mau-mau-Holzspielsachen, Schwabacher Str. 39, 90762 Fürth, Tel. 0911-77 36 64.* Der kleine Laden führt besonders schöne Greiflinge, Mobilés und Stoffpuppen. Öffnungszeiten Mo-Fr 9.30-18, Do 9.30-19, Sa 9.30-14 Uhr.
▶ *Kinderzuerst, Nürnberg* (→ S. 20).
▶ *Kindertauschladen, Kaiserstr. 84, 90763 Fürth, Tel. 0911-71 01 26.* Kleidung, Spielzeug, Kinderwagen, Autositze.
▶ *Kinderlädchen, Goethestr. 5, 91054 Erlangen, Tel. 09131-20 59 84.* Kleidung, Spielsachen und Zubehör.

WINDELDIENSTE

Fränkischer Babywindel-Verleih *Pödeldorfer Str. 7, 96123 Schammelsdorf, Tel. 09505-62 63.* Kontakt: Hr. Reinfelder.

Pünktlich jede Woche kommt der Fränkische Windeldienst ins Haus, holt die schmutzige Garnitur ab und bringt frischgewaschene Baumwollwindeln. Zwischen DM 70 und 80 monatlich kostet das Leihen und Waschen, je nach Windelsystem. Der praktische Dienst hat nämlich mehrere jahrelang erprobte Wickelsysteme im Angebot, angefangen von der einfachen Mullwindel über die Bindstrickwindel bis zur Windelhose. Bei einem ersten Infogespräch erklärt Herr Reinfelder die Systeme und läßt auf Wunsch ein Leih-Mixpaket da, mit dem die Eltern eine Woche lang experimentieren können. Wer's billiger mag: Alle Windeln gibt's auch zum Leihen und Selberwaschen für DM 30 bis 40 monatlich.

Weitere Adressen
▶ *Popolino Windelhaus, Adalbertstr. 3, 90441 Nürnberg, Tel. 620 01 21.* Baumwollwickelsysteme zum Kaufen.
▶ *Baby-Insel, Kerstin Wagner, Steingasse 11, 91094 Langensendelbach, Tel. 09133-41 52.* Verkauf von Baumwollwickelhosen, Naturtextilien, Schaffellen, Pflegeprodukten, Tragetüchern, Taufkleid-Verleih. Wickel-Infoveranstaltung jeden 1. Montag im Monat nach telefonischer Anmeldung.
▶ Hier gibt's eine Liste von Baumwollwindelbezugsquellen: *Umweltamt Erlangen, Schuhstr. 20, 91052 Erlangen.*

DIE RICHTIGE ADRESSE, WENN ES SOWEIT IST

Gut gewickelt ins Leben

DIE RICHTIGE ADRESSE, WENN ES SOWEIT IST

GEBURTSHAUS

Hebammenhaus
Schnieglinger Str. 223, 90427 Nürnberg, Tel. 326 35 03.
„Am liebsten ist es uns, wenn die Frauen sich möglichst früh, spätestens aber in der 28. Schwangerschaftswoche anmelden. Dann können wir sie in Ruhe kennenlernen." Das wünschen sich die fünf Hebammen, die im Nürnberger Geburtshaus im Schichtdienst zur Verfügung stehen. Sie halten viel von einer entspannten und familiären Atmosphäre. Bei etwa 10 ambulanten Entbindungen im Monat bleibt den sanften Geburtshelferinnen auch genug Zeit, auf die Wünsche jeder Schwangeren einzugehen. Beratung, Geburtsvorbereitung und Yoga für Schwangere finden ebenfalls im gemütlichen Hebammenhaus statt. Und nach dem großen Ereignis werden Baby und Mutter zu Hause so lange wie nötig liebevoll weiterbetreut. Zur Rückbildungsgymnastik, zum Stilltreff und zur Babymassage sind sie aber auch gern in der Schnieglinger Straße wiedergesehen. Infoabend jeden 1. Mittwoch im Monat um 19 Uhr. Telefonische Sprechstunde: Mo/Mi 16-18, Do 10-11 Uhr. Ein ähnliches Angebot hat das Geburtshaus im Capitol in Bamberg, Telefon 0951-30 36 37.

RECHTZEITIG PACKEN: DIE KLINIKTASCHE

Etwa vier Wochen vor dem Entbindungstermin sollten Sie Ihre Kliniktasche packen.

Für die Geburt sind ein bis zwei kochfeste Baumwoll-T-Shirts sinnvoll, da Sie während der Wehen ins Schwitzen kommen werden. Auf keinen Fall vergessen: dicke Socken, denn warme Füße sind wichtig für eine gute Wehentätigkeit. Auch bequeme Hausschuhe und ein langer Bademantel sind nützliche Begleiter - auch bei einer ambulanten Geburt, denn viele Mütter wollen noch ein wenig durch die Gänge laufen, bevor es in den Kreißsaal geht. Da es in vielen Entbindungsstationen nichts zu essen gibt, sollten - auch für die Begleitperson - stärkende Snacks (Obst, Müsliriegel, Traubenzucker, Kekse o.ä.) und etwas zu trinken eingepackt werden. Angenehme Extras: ein Wassersprüher für das Gesicht, Massageöl und ein Lippenfettstift.

Für die Zeit im Wochenbett brauchen Sie ein bis zwei Nachthemden, die vorn zu öffnen sind, Baumwollbustiers oder Still-BHs, Slips sowie Wasch- und Pflegeutensilien. Und denken Sie daran, daß Sie Ihre Unterwäsche zwei Nummern größer kaufen als üblicherweise, damit nichts drückt oder einengt!
Für das Baby sind zwei Garnituren - bestehend aus Hemd, Hose oder Strampler, Jacke und Mütze - ausreichend.
Für den Heimweg aus dem Krankenhaus benötigen Sie eine Tragetasche mit Kissen oder Wolldecke zum Zudecken.
An Papieren brauchen Sie für die Klinik: die Krankenversicherungskarte, den Mutterpaß, Ihren Personalausweis und das Stammbuch bzw. Ihre Geburtsurkunde.

Darüber hinaus können Sie alles einpacken, was Sie gern bei sich haben: Ihre Lieblingskassette, einen Fotoapparat, ein schönes Buch.

DIE RICHTIGE ADRESSE, WENN ES SOWEIT IST

Im Verlauf der Schwangerschaft stellt sich die Frage nach dem Entbindungsort. Wie wichtig die Auswahl der Klinik sein kann, geht aus einer aktuellen Untersuchung der Deutschen Angestelltenkrankenkasse (DAK) hervor, die belegt, daß es auch heute noch zu vermeidbaren Behandlungsfehlern bei Geburten kommt. Nutzen Sie daher die Informationsveranstaltungen der Krankenhäuser und klären Sie die Frage, welches „Notfallmanagement" geboten wird. Sprechen Sie auch mit Ihrem Arzt bzw. Ihrer Ärztin und befragen Sie andere Frauen nach deren Erfahrungen. Letztendlich sollten Frauen, die eine normale Geburt erwarten, sich bei der Entscheidung auf ihren ganz persönlichen Eindruck verlassen. Denn es kommt vor allem darauf an, daß Sie sich in dem Krankenhaus Ihrer Wahl wohlfühlen und daß Ihnen die Atmosphäre zusagt. Wenn jedoch eine sogenannte Risikoschwangerschaft besteht, sollten Sie in Absprache mit dem Arzt bzw. der Ärztin ein Perinatalzentrum oder eine optimal ausgestattete Schwerpunktklinik mit Kinderintensivstation für Früh- und Neugeborene auswählen. Zunächst soll Ihnen diese Tabelle einen ersten Überblick über die einzelnen Angebote verschaffen.

24-h-Rooming-in und Schwangerenvorsorge wird in allen genannten Häusern angeboten, wenn es unter „Besonderheiten" nicht anders vermerkt ist. Viele Kliniken bieten auch Kurse zur Vor- und Nachsorge an, nach denen Sie sich unter o.g. Telefonnummern erkundigen können.

Adresse	Klinikum Hallerwiese, St.-Johannis-Mühlgasse 19, 90419 Nürnberg, Tel. 33 40 01, Kreißsaal Tel. 334 03 94
Baujahr	Baubeginn 1870, Neubau 1987
Zimmer	1-3-Bett-Zimmer, größtenteils mit Dusche und WC
Geburten pro Jahr	ca. 1.250
Kaiserschnittrate	15 %
Stillförderung	üblich/Stillzimmer
eigene Hebamme	nicht möglich
Größe des Teams	7 ÄrztInnen, 11 BelegärztInnen, 10 Hebammen
Entbindungsräume	3-4
Gebärposition	nach Wahl und medizinischer Erfordernis
ambulante Entbind.	möglich
Besuchszeiten	tgl. nachmittags, Väter ganztags
Besonderheiten	Kinderklinik mit Neonatologie (Neugeborenenheilkunde), Kinderchirurgie, Infoabend jeden 2. Mo im Monat

WELCHES KRANKENHAUS BIETET WAS?

Klinikum Fürth, Jakob-Henle-Str. 1, 90766 Fürth, Tel. 0911-758 00, Infos und Kurse Tel. 758 03 13	Krankenhaus Martha Maria, Stadenstr. 58, 90491 Nürnberg, Tel. 95 90, Kreißsaal Tel. 959 13 25	Kreiskrankenhaus Neustadt a. d. Aisch, Paracelsusstr. 30, 91413 Neustadt/ Aisch, Tel. 09161-700, Infos und Kurse Tel. 70 201	Sana Klinik Nürnberg GmbH, Am Birkenwald, Weiltinger Str. 11, 90449 Nürnberg, Tel. 680 80, Kreißsaal Tel. 680 81 21
1968	1970	1958, Geburtshilfe 1993 renoviert	1971, Geburtshilfe Neubau 1992
2- und 3-Bett-Zimmer, z.T. mit Dusche und WC	1-, 2- und 3-Bett-Zimmer mit Naßzelle	3-4-Bett-Zimmer mit Dusche und WC	Privatzimmer mit DU/WC o. Bad, andere Zimmer in Sanierung
2.300	1.000	720 (1997)	ca. 380
17 %	12 %	ca. 14%	22 %
ja	ja	üblich/Stillzimmer	üblich/Stillzimmer
nicht möglich	bedingt möglich	als Beratung möglich	bedingt möglich
18 ÄrztInnen, 20 Hebammen	5 ÄrztInnen, 7 Hebammen	4 ÄrztInnen und 4 Hebammen	4 ÄrztInnen, 4 Hebammen
3	3	3	2
nach Wahl	nach Wahl, z.B. an der Sprossenwand	nach Wahl, Wasser-Geburt möglich	nach Wahl, z.B. Aromatherapie
möglich	möglich	möglich	möglich
Väter immer, andere täglich 14-19 Uhr	Väter nach Absprache jederzeit, andere tgl. 14-19 Uhr	jederzeit	Väter und Familie tagsüber, sonst nach Absprache
Kinderarzt/-ärztin 24 h im Haus	Musik- und Aromatherapie, Akupunktur, Wärmebetten für Neugeborene, zusätzliche Ultraschallgeräte für Neugeborene, Neugeborenen-Hörtest	Kinderarzt/-ärztin in Rufbereitschaft, Hebamme kann vorher gewählt werden und bleibt, soweit möglich, während der ganzen Geburt dabei	Kinderarzt/-ärztin in Rufbereitschaft, Fußreflexzonentherapie, Schaffell und Pflegeprodukte fürs Baby können mitgebracht werden

DIE RICHTIGE ADRESSE, WENN ES SOWEIT IST

Adresse	Klinikum Nürnberg Süd, Frauenklinik 2, Breslauer Str. 201, 90471 Nürnberg, Tel. 39 80, Kreißsaal Tel. 398 22 55	St. Theresien-Krankenhaus GmbH, Mommsenstr. 24, 90491 Nürnberg, Tel. 569 90, Infos Tel. 569 93 49	Frauenklinik Erlangen, Universitätsstr. 21-23, 91054 Erlangen, Tel. 09131-85 35 53, 85 35 54, Kreißsaal Tel. 85 35 13
Baujahr	1994	älteres Haus, renoviert	altes Stammhaus, modernisiert und renoviert
Zimmer	2-Bett-Zimmer mit 2 Naßzellen	1-, 2- und 3-Bettzimmer mit DU/WC	1-4-Bett-Zimmer, teilw. mit DU/WC
Geburten pro Jahr	2.900	1.200	1.735 (1997)
Kaiserschnittrate	9,5 %	18 %	20 %
Stillförderung	ja	ja	ja
eigene Hebamme	nicht möglich	bedingt möglich	nicht möglich
Größe des Teams	24 ÄrztInnen, 25 Hebammen	15 ÄrztInnen, 11 Hebammen	11 ÄrztInnen, 16 Hebammen
Entbindungsräume	5	3	3 mit vollautomatisch einstellbaren Entbindungsbetten
Gebärposition	nach Wahl	nach Wahl, z.B. mit Roma-Rad	nach Wahl (Roma-Geburtsrad, Gebärhocker)
ambulante Entbind.	möglich	möglich	möglich
Besuchszeiten	Väter nach Absprache, andere täglich 14-19 Uhr	Väter jederzeit, andere täglich 13-19 Uhr	jederzeit außer nachts zwischen 20 und 6 Uhr und in den Stillzeiten
Besonderheiten	Vorgeburtliche Diagnostik, Termine Tel. 398 22 35, Überweisungsschein erforderlich	Kinderarzt/-ärztin in Rufbereitschaft, Aromatherapie, Wärmebetten für Neugeborene	Intensivstation für Früh- und Neugeborene, jeden 1.Di im Monat Infoabend mit Kreißsaalbesichtigung

Fürsorgliche Aufmerksamkeit beginnt schon bei der Wahl des Entbindungsortes

IM KREIßSAAL

Neonlicht, hektische Gestalten in weißen Kitteln und eine heftig schwitzende und schreiende Frau auf einer viel zu schmalen Krankenhausliege: so sieht das klassische Geburtsszenario in Film und Fernsehen aus. Die Realität der im Krankenhaus Gebärenden (früher: der Kreißenden) gestaltet sich heute zum Glück positiver.

In vielen Krankenhäusern hat die schwangere Frau die Möglichkeit, ihre Gebärposition selbst zu bestimmen – ein breites Repertoire an „Entbindungsmobiliar" ist i. allg. vorhanden. Tip: Oft wird eine Kreißsaalbesichtigung angeboten, auf der Sie neben dem Ort des Geschehens auch einen Teil des Teams vorab kennenlernen können.

Trotz des verbesserten Services paßt der individuelle Rhythmus der Geburt nicht immer zum vorgegebenen Zeittakt im „Großbetrieb" Krankenhaus. Viele Frauen berichten davon, im Kreißsaal zur Eile gedrängt worden zu sein. Lassen Sie sich – auch wenn das geburtshelfende Team wenig Zeit zu haben scheint – alles ganz genau erklären, und äußern Sie unbedingt Ihre Wünsche. Auch Ihr Partner kann bei diesem Prozeß eine wichtige Stütze sein.

Die GeburtshelferInnen zählen mittlerweile auf die Mitarbeit der Väter, weil die Hebammen meist überlastet sind und wenig Zeit haben, um sich intensiv um die einzelnen Frauen zu kümmern. Außerdem wirkt sich die Anwesenheit des Partners nachweislich sehr günstig aus. Die Geburten sind kürzer, und die Frauen benötigen weniger Schmerzmittel.

Auch während eines Kaiserschnitts müssen die Väter in den meisten Krankenhäusern nicht auf dem Krankenhausflur warten: Bei einer örtlichen Betäubung können sie am Kopfende des Bettes sitzen und ihre Frau unterstützen. Selbst bei einer Vollnarkose ist in den meisten Kliniken die Anwesenheit mittlerweile erlaubt. Falls nicht, gibt es an der Zimmertür ein Sichtfenster, durch das der Vater die Geburt beobachten kann.

WO MELDE ICH DIE GEBURT MEINES KINDES?

DAS KIND IST DA!

WO MELDE ICH DIE GEBURT MEINES KINDES?

Standesamt Nürnberg im Rathaus *Hauptmarkt 18, Zi. 108, 90403 Nürnberg, Tel. 231 24 23.*
Nur die städtischen Kliniken in Nürnberg und Fürth kümmern sich um die Anmeldung der bei ihnen geborenen Kinder, d.h. sie schicken die in der Entbindungsstation ausgefüllte Geburtsanzeige mit dem Stammbuch der Eltern oder der Geburtsurkunde bei ledigen Müttern gleich ans Standesamt. Kommt das Kind in einer anderen Klinik oder im Hebammenhaus zur Welt, muß meist der Vater den ersten Behördengang auf sich nehmen. Mit Geburtsanzeige und Stammbuch bzw. Geburtsurkunden der Eltern erwartet ihn der Standesbeamte innerhalb einer Woche.

Dann wird der neue Erdenbürger durch einen Eintrag in das sogenannte Familienbuch – die Kartei des Amtes – registriert. Vier beglaubigte Abschriften dieser Eintragung, die für die Beantragung von Erziehungsgeld, Kindergeld,

Auf einmal ist ein Menschlein mehr da ...

DAS KIND IST DA!

für die Krankenkasse und die eventuelle Taufe des Neugeborenen nötig sind, dürfen Sie mitnehmen (jede weitere Abschrift der Familienbucheintragung kostet DM 10).
Außerdem leitet das Standesamt eine Geburtsbescheinigung an das entsprechende Einwohnermeldeamt weiter. Öffnungszeiten Mo, Di, Do, Fr 9.30-12 und 13.30-15, Mi 9.30-12 Uhr.
▶ *Standesamt Fürth, Geburten, Rathaus, 2. Stock, Zi 215, Königstr. 88, 90762 Fürth, Tel. 0911-974 15 82.* Öffnungszeiten Mo-Fr 8-12, Mo auch 13.30-16.30 Uhr.
▶ *Standesamt Erlangen, Geburten, Rathausplatz 1, 2. OG, Zi. 234, 91052 Erlangen, Tel. 09131-86 22 92.* Öffnungszeiten Mo 8-12 und 14-18, Di, Mi, Fr 8-12, Do 8-14 Uhr.

WO GIBT'S DEN PAß FÜRS KIND?

Einwohnermeldeamt der Stadt Nürnberg *Äußere Laufer Gasse 25, 90403 Nürnberg, Tel. 231 32 51 u. 231 32 52, Fax 231 53 44.*
Kinder unter 16 Jahren sind noch nicht ausweispflichtig. Doch wer mit seinem Anhang ins Ausland reisen möchte – auch innerhalb der EU –, braucht einen Kinderausweis. Bis zum 10. Lebensjahr enthält der Ausweis in der Regel kein Bild. Sie benötigen bei Antragstellung eine Geburtsurkunde Ihres Babys oder eine Abschrift aus dem Familienbuch und sollten Ihre Personalausweise oder Reisepässe mitbringen. Bei Verheirateten muß von beiden Elternteilen ein Ausweis vorliegen. Spricht nur ein Elternteil vor, wird eine schriftliche Einverständniserklärung des anderen Elternteils verlangt. Der fehlende Elternteil muß den Ausweis zu Hause unterschreiben. Der Kinderausweis kostet DM 10 und wird sofort ausgestellt. Welche Reiseländer einen Kinderpaß mit Bild verlangen, erfahren Sie im Einwohnermeldeamt oder im Reisebüro. Das Bild des Kindes sollte zum Zeitpunkt der Reise nicht älter als ein Jahr sein. Anderenfalls muß ein neuer Kinderausweis ausgestellt werden, für den wiederum alle Unterlagen vorzulegen sind.
▶ *Einwohneramt der Stadt Fürth, Schwabacher Str. 170, 90763 Fürth, Tel. 0911-97 40,* Öffnungszeiten Mo-Fr 8-12, Mo 13.30-16.30 Uhr.
▶ *Meldestelle der Stadt Erlangen, Rathausplatz 1, 91052 Erlangen, Tel. 09131-86 29 24 und 86 29 23.* Öffnungszeiten Mo 8-12 und 14-18, Di, Mi, Fr 8-12, Do 8-16 Uhr.

KINDERKRANKENHÄUSER

Aktionskomitee Kind im Krankenhaus, Bundesverband
Kirchstr. 34, 61440 Oberursel.
Das Aktionskomitee Kind im Krankenhaus kümmert sich um die Verbesserung der psychosozialen Betreuung von Kindern im Krankenhaus, organisiert Infoveranstaltungen und bietet persönliche Beratung. Beim Bundesverband erhalten Sie gegen DM 10 Faltblätter mit Hintergrundinfos und Verhaltenstips sowie das Kinderbuch „Kathrin kommt ins Krankenhaus".

▶ *Aktionskomitee Kind im Krankenhaus, Erlangen, Frau Schnackig, Tel. 09131-286 14.*
In Krankheits- und Notfällen können Sie sich an folgende Kliniken wenden:
▶ *Südklinikum, Breslauerstr. 201, 90471 Nürnberg, Tel. 398 22 90.*
▶ *Cnopf'sche Kinderklinik, St. Johannis-Mühlgasse 19, 90419 Nürnberg, Tel. 33 40 02.*
▶ *Klinikum Fürth, Kinderklinik, Jakob-Henle-Str. 1, 90766 Fürth, Tel. 0911-758 00.*
▶ *Kinderklinik, Loschgestr. 15, 91054 Erlangen, Tel. 09131-85 31 18 u. 85 31 19.*

WIE SOLL DAS BABY HEIßEN?

Wußten Sie schon? Ob Laura oder Ricarda, ob Nepomuk oder Henrik, der Vorname beeinflußt die Entwicklung der Persönlichkeit. Wie Langzeitstudien ergeben haben, spielt die Klangfarbe eine wichtige Rolle, denn der Rufname gehört zu den Worten, die ein Kind von Geburt an am häufigsten hört.

Ähnlich wie in der Musik stimmen helle Klänge optimistisch, dunkle Klänge dagegen eher depressiv. Besonders Namen, die die Buchstaben A, E, I, M, O und V enthalten, werden als wohlklingend empfunden. Also Vornamen wie Anne, Melina, Verena, Adrian, Matthias und Tobias.

Einen hervorragenden Überblick über Namen von Alexander bis Zoe vermittelt das Buch „Viertausend Vornamen aus aller Welt" von Ines Schill.
Erschienen ist das ausführliche Verzeichnis 1997 bei Falken/Bassermann,
ISBN 3-8094-0591-4,
es kostet DM 10.

DAS KIND IST DA!

MUTTERMILCHUNTERSUCHUNG

Die Zeiten, in denen die Gesundheitsämter kostenlose Muttermilchuntersuchungen vorgenommen haben, sind vorbei. Laut offizieller Begründung haben die Labors über einen längeren Zeitraum keine nennenswerten Belastungen gefunden, so daß die Untersuchungen eingestellt wurden. Nur wenn eine stillende Mutter schwerwiegende Bedenken hat, z. B. weil sie neben einer Müllverbrennungsanlage wohnt, beruflich Schadstoffen ausgesetzt war oder ist oder länger als sechs Monate stillen will, kann sie eine Untersuchung bei den Gesundheitsämtern beantragen (→ S. 6).

RÜCKBILDUNGSGYMNASTIK

Volkshochschule Fürth
Hirschenstr. 27/29, 90762 Fürth,
Tel. 0911-974 17 00.
Der neueste Kick bei der Rückbildungsgymnastik heißt Ball-Stik. Ihr Partner dabei ist ein großer Noppenball aus Dänemark, auf dem „geritten" wird. Das kräftigt

Schmusen und Kuscheln – davon kann Ihr Baby nicht genug bekommen

RÜCKBILDUNGSGYMNASTIK

den Beckenboden, stärkt die Rückenmuskulatur und massiert ganz nebenbei den gesamten Körper. Neben dieser vergnüglichen Variante hat die VHS Fürth auch die traditionelle Beckenbodenschule und Rückbildungsgymnastik im Programm. Die Kurse finden halbjährlich statt, Anmeldung jeweils im Februar und im September.

Zentrum Kobergerstraße
Kobergerstr. 79, 90408 Nürnberg, Tel. 36 16 26.
„Rückbildung und mehr" könnte das Motto des Zentrums Kobergerstraße heißen. Ab etwa acht Wochen nach der Geburt können die Frauen in den Rückbildungskurs einsteigen. Sie entspannen und trainieren die von der Geburt besonders beanspruchte Muskulatur und üben ein bewußtes Haltungsempfinden. Darüber hinaus startet schon unmittelbar nach der Geburt die Wohlfühl-Gruppe für Mütter mit Babys. Funktionelle Entspannung, Yoga, Babymassage und Gespräche über den Alltag mit Kind gehören dazu. Neun Monate alte Krabbelkinder gehen in den offenen Treff am Dienstag von 14-15.30 Uhr. Dort werden den Müttern Fragen zur Ernährung, zur Bewegung und zur psychischen Entwicklung beantwortet. Daneben finden im Zentrum verschiedene Vorträge statt, z. B. über Naturheilkunde und Homöopathie bei Kinderkrankheiten, und last but not least gibt es ein Tagescafé. Seltenes Special ist die neu eingerichtete Vätergruppe, in der frischgebackene Papis in Begleitung ihrer Babys Erfahrungen, Tips und Freuden austauschen.

Weitere Adressen
▶ *Bayerisches Rotes Kreuz* (→ S. 14 u. 27). Rückbildungsgymnastik und Ausgleichsgymnastik, mit Kinderbetreuung.
▶ *Evangelische Familienbildungsstätte, Nürnberg* (→ S. 67). Sanfte Rückbildungsgymnastik mit Atemübungen, bildlichen Vorstellungen, Entspannung und Körperwahrnehmung. Kinder können mitgebracht werden. Rückbildung für Migrantinnen.
▶ *Gesundheitstreffpunkt Südstadt, Gudrunstr. 51, 90459 Nürnberg, Tel. 45 18 95.* Rückbildungsgymnastik.
▶ *Mütterzentrum Fürth* (→ S. 89). Rückbildung mit Kinderbetreuung.
▶ Eine Liste mit Rückbildungsangeboten in Erlangen gibt's beim *Gesundheitsamt* (→ S. 6).

Weiter Seite 52...

WIEDER FIT NACH DER GEBURT

Wenn das Kind da ist, erwacht nach einer Weile in vielen Frauen das Bedürfnis, etwas für sich und ihren Körper zu tun. Das Stichwort heißt jetzt Rückbildung.
Wichtig: Lassen Sie sich Zeit mit einem entsprechenden Kurs, bis Sie wirklich Lust auf eine kräftigere Gymnastik haben. Sie sollten jedoch mindestens sechs Wochen nach der Geburt abwarten, da sich erst zu diesem Zeitpunkt die Gebärmutter vollständig zurückgebildet hat. Selbstverständlich dürfen Sie schon vorher leichte Übungen zu Hause machen. Lassen Sie sich passende Übungen von Ihrer betreuenden Hebamme zeigen!

Mit gezielten gymnastischen Übungen können Sie sich stärken und ein neues, gutes Körpergefühl gewinnen.
Viele Entbindungsstationen, Hebammen und Geburtshäuser bieten sogenannte Rückbildungskurse an, die von den Krankenkassen bezahlt werden.

Es gibt einige einfache Übungen, die Sie auch allein für sich machen können. Alles, was Sie hierfür benötigen, ist ein Handtuch oder eine Decke. Zehn Minuten pro Tag sind bereits ausreichend, und Sie werden das Gefühl genießen, sich und Ihrem Körper etwas Gutes zu tun.

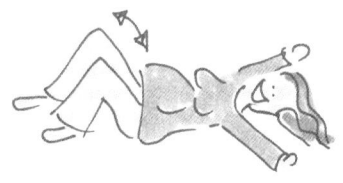

1. Legen Sie sich auf den Rücken, die Arme locker mit der Innenfläche nach oben neben den Kopf. Winkeln Sie die Beine geschlossen leicht an, und legen Sie die Beine mehrmals nach rechts und links ab. Diese Übung ist für die Hüftmuskulatur.

2. Bleiben Sie auf dem Rücken liegen, ziehen Sie die Füße Richtung Po, so daß die Beine aufgestellt sind. Spannen Sie jetzt fest Ihren Beckenboden an, und drücken Sie mit aller Kraft Ihren Po auf die Unterlage. Halten Sie diese Spannung über drei lange Atemzüge, bevor Sie sie langsam lösen. Ma-

chen Sie ein paar Sekunden Pause, und atmen Sie tief durch. Wiederholen Sie diese Übung dreimal.

3. Um die Bauchmuskulatur zu straffen, legen Sie sich auf den Rücken, und winkeln Sie das rechte Bein an, während das andere langgestreckt am Boden bleibt. Spannen Sie Ihren Beckenboden fest an. Richten Sie dann Ihren Oberkörper leicht auf, und führen Sie die Arme außen an dem angewinkelten Bein vorbei. Das Ganze wiederholen Sie nun auf der linken Seite.

4. Sie knien auf allen vieren, die Hände sind schulterbreit, die Knie hüftbreit nebeneinander aufgestellt. Beim Einatmen spannen Sie den Beckenboden an, machen Ihren Rücken ganz rund und legen den Kopf zwischen die Arme. Beim Ausatmen bringen Sie Ihren Rücken ganz langsam wieder in die Gerade und heben den Kopf, so daß er diese Gerade verlängert. Achtung: Machen Sie dabei kein Hohlkreuz. Genießen Sie diese Übung, und versuchen Sie dabei ganz bewußt Ihren Rücken zu spüren.

5. Nachdem Hüfte, Becken und Bauch trainiert sind, ist es Zeit für eine Entspannungsübung. Knien Sie sich hin, den Fußrücken auf dem Boden. Der Po sollte die Fersen berühren. Beugen Sie den Oberkörper ganz langsam nach vorne, und legen Sie ihn über die Knie, bis auch der Kopf den Boden erreicht. Legen Sie die Arme neben die Beine, Armoberfläche auf den Boden. Entspannen Sie alle Muskeln, und bleiben Sie einen Moment in dieser Ruhestellung.

Gegen die besondere Beanspruchung der Brust helfen kalt-warme Wechselduschen und sanfte Massagen mit Lotionen (geruchsneutral!) oder Ölen, die Ihre Haut glatt und straff halten. Jetzt - wie bereits während der Schwangerschaft - auch weiterhin einen gutsitzenden BH tragen, der Ihre Brust in Form hält.

DAS KIND IST DA!

▶ Die meisten Kliniken, viele Hebammen und das Hebammenhaus (→ S. 38) bieten ebenfalls Rückbildungskurse an.

STILLBERATUNG

Arbeitsgemeinschaft Freier Stillgruppen
Tel. 0911-88 23 95. Kontakt: Traudl Wagner, Nürnberg.
„Wunde Brustwarzen? Das liegt in 90-95 % der Fälle an der falschen Anlegetechnik", weiß Traudl Wagner von der Arbeitsgemeinschaft Freier Stillgruppen. Wichtig ist, daß der Bauch des Kindes auf dem Bauch der Mutter liegt und der Hals geradegestreckt ist. Bei einer falschen Haltung sind die Schluck- und Saugmuskeln des Säuglings verspannt – dies führt zu falschem Saugen und somit zu wunden Brustwarzen. Tips dieser Art gibt die Stillberaterin gern am

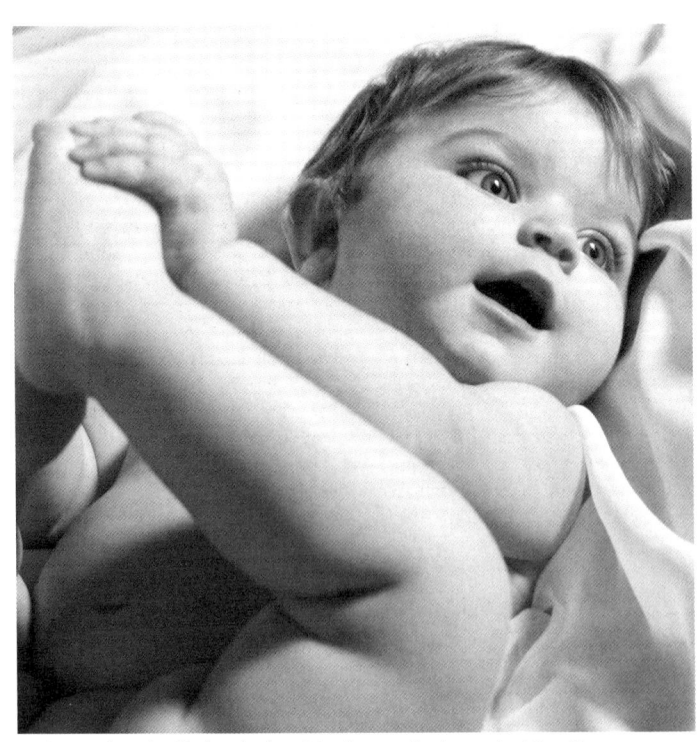

Babys sind unglaublich gelenkig: Na, kannst du das auch, Mami?

STILLBERATUNG

Telefon. Seit Jahren berät sie stillende Mütter kostenlos.
Noch ein Tip: Über den Regionalverband der Arbeitsgemeinschaft können Sie eine Liste mit Stillgruppen in Ihrer Nähe anfordern: *Arbeitsgemeinschaft Freier Stillgruppen, Gertraud Azar, Würzburg, Tel. 0931-57 34 93.*

Gabi Andres *Buchenweg 3, 91091 Großenseebach.*
„Während früher das Wissen um die erlernte Fähigkeit Stillen von Generation zu Generation weitergegeben wurde, fehlt in der heutigen Kleinfamilienstruktur häufig die richtige Ansprechpartnerin." Gabi Andres bedauert, daß „wegen kleiner Schwierigkeiten dann leider oft viel zu früh abgestillt wird". Sie ist die einzige geprüfte Still- und Laktationsberaterin im Raum Nürnberg, hat sich zu stetiger Weiterbildung verpflichtet und darf sich als Stillberaterin „International Board Certified Lactation Consultant" (IBCLC) nennen. Individuelle Beratung, telefonische Auskunft, Hausbesuche, Stillvorbereitung und Stillgruppenleitung gehören zu ihren Aufgaben. Infos über Treffen gibt Gabi Andres ebenfalls bekannt.

La Leche League, Jeanette Munique *Nürnberg, Tel. 318 84 78.*
La Leche League, kurz LLL, ist wohl die renommierteste internationale Organisation, die sich mit Fragen rund ums Stillen beschäftigt. Der Verein, der 1956 als Selbsthilfegruppe in den USA gegründet wurde, will auf die medizinische und psychologische Bedeutung des Stillens aufmerksam machen. Gleichzeitig soll durch persönliche Unterstützung von Mutter zu Mutter gerade jungen Frauen geholfen werden, die Bedürfnisse ihrer Babys besser kennenzulernen. Die Stillberaterin Jeanette Munique ist die Ansprechpartnerin für Nürnberg, sie gibt telefonische Stillberatung, leitet eine offene Stillgruppe und verteilt Infomaterial. „Bevor sie aus irgendwelchen Gründen unglücklich aufhören zu stillen, sollten die Mütter bei einer Stillberaterin anrufen. Von der La Leche League erhalte ich regelmäßig Rundbriefe mit den neuesten medizinischen und wissenschaftlichen

Weiter auf Seite 56 ...

STILLEN – KÖRPERKONTAKT PUR

Stillen ist nach wie vor das Beste, was Sie für Ihr Baby tun können. Der körperliche Kontakt zwischen Mutter und Kind fördert eine intensive Beziehung und ist die beste Basis für die körperliche, geistige und seelische Entwicklung des Kindes. Es gilt als wissenschaftlich erwiesen, daß gestillte Kinder seltener an Infektionen erkranken, weniger unter Allergien leiden und aktiver sind. Wußten Sie, daß Muttermilch sich an das Kind anpaßt, d.h. die Zusammensetzung sich je nach Alter und Bedürfnis des Kindes ändert?

In der Stillzeit benötigt Ihr Körper ca. 400 kcal zusätzlich. Am besten ganz einstellen sollten Sie jedoch den Genuß von Alkohol und Zigaretten, da Sie sonst Ihrem Kind die Schadstoffe über die Muttermilch zuführen. Vorsicht auch bei Medikamenten, fragen Sie Ihren Arzt bzw. Ihre Ärztin, wenn sich die Einnahme nicht vermeiden läßt! Manchmal tauchen während der Stillphase Fragen oder Probleme auf. In diesen Fällen können Sie sich Beratung und Hilfe bei Hebammen, Stillberaterinnen oder Stillgruppen holen.

Wenn die Milch nicht richtig fließt, spricht man von einem Milchstau. Häufig sind dafür psychische Ursachen wie Unruhe, innere Nervosität und Hektik verantwortlich. Nehmen Sie sich deshalb möglichst viel Zeit zum Stillen, ziehen Sie sich an einen ruhigen Ort zurück. Auch Wärme (Rotlichtlampe!) erleichtert den Milchfluß. Tip: Legen Sie einen feuchtwarmen Waschlappen auf die Brust.

Um die Milchproduktion anzuregen, sollten Sie Ihr Neugeborenes sofort nach der Geburt an die Brust legen. Sie werden bald merken, daß Stillen nach Zeitplan nicht funktioniert. Das muß Sie nicht beunruhigen, denn ein gesundes Kind bestimmt selbst, wann und wieviel es trinkt.
Zur gleichmäßigen Milchproduktion ist es wichtig, dem Baby immer beide Brüste zu geben. Beginnen Sie mit der Brust, an die das Kind beim letzten Stillen angelegt wurde. Es könnte sein, daß sie noch nicht ganz leer getrunken war. Trinken Sie selbst neben Milch und kohlesäurearmem Mineralwasser reichlich Tee (aus Fenchel, Anis und Kümmel).

Mit ca. sechs Monaten wird das Kind Interesse an anderer Nahrung bekommen. Stillen Sie aber nicht sofort ab, sondern ersetzen Sie die Stillmahlzeiten nach und nach: zunächst durch Fläschchen oder dem Alter des Babys entsprechende Gemüse- oder später Milchbreie. Die Milchproduktion verringert sich, bis auch die letzte Stillmahlzeit durch die Flasche ersetzt wird. Wenn Sie sich an diese Tips halten, wird Ihnen das Abstillen keine körperlichen Probleme bereiten.

Bedenken Sie, daß es starre Regeln rund ums Stillen nicht gibt, schließlich ist jedes Kind anders. Probieren Sie in aller Ruhe aus, wie Sie und Ihr Baby am besten mit dem Stillen zurechtkommen.

Damit Ihr Baby gut gedeiht ...

DAS KIND IST DA!

Erkenntnissen, so daß ich fast immer weiterhelfen oder weitervermitteln kann." Auch bei Schlafproblemen der Kinder oder Fragen zu Tragehilfen geben die Beraterinnen gern Auskunft. Die La-Leche-Ansprechpartnerin für Erlangen ist Dagmar Criegee, Anderlohrstr. 29, 91054 Erlangen, Tel. 09131-50 23 51.

Weitere Adressen
▶ *Bayerisches Rotes Kreuz, Nürnberg* (→ S. 14).
Fr. Willburg, Stillgruppe.

▶ *Engelchen und Bengelchen, Nürnberg* (→ S. 12). Spezielle Stillberatung für Zwillings- und Mehrlingsmütter.
▶ *Evangelische Familienbildungsstätte, Nürnberg* (→ S. 67).
Stillberatung.
▶ *Hebammenhaus, Nürnberg*
(→ S. 38). Stillgruppe.
▶ *Stillberatung im Kinderhaus-Verein Oberfürberg, Margret Genter-Ta, Carola Stein, Heilstättenstr. 160, 90768 Fürth, Tel. 0911-753 03 29.*
▶ *Telefonische Stillberatung in Fürth, Margret Genter-Ta, Tel. 0911-75 86 17, Gisela Hofmeister, Tel. 0911-72 94 33, Anja Lugert, Tel. 0911-765 81 42.*
▶ *Kinderschutzbund Erlangen* (→ S. 23). Stillvorbereitung und -treff.
▶ Telefonische Stillberatung im *Staatlichen Gesundheitsamt Erlangen, Fr. Kröner* (→ S. 6). Sehr kompetente Ansprechpartnerin, kostenloses Buch „Stillen und Muttermilchernährung", Frau Kröner leitet auch die Stillgruppe im *Stadtteiltreff Scheune, Odenwaldallee 2, 91056 Erlangen, Tel. 09131-44 08 77.*

MÜTTERBERATUNG

Ein Superangebot sind die Mütterberatungen in Nürnberg und Fürth. Über die ganze Stadt verteilt, in Schulen oder Bürgertreffs, können Mütter zu bestimmten Zeitpunkten (bitte beim Gesundheitsamt bzw. bei der Stadt erfra-

Babys sind gerne immer mit dabei

ANSPRUCH AUF HAUSHALTSHILFE

ERSATZMAMI GESUCHT

ANSPRUCH AUF HAUSHALTSHILFE

Wer kümmert sich um „Kind und Kegel", wenn die Mutter krank ist oder zur Entbindung des nächsten Kindes ins Krankenhaus muß? Wenn solche „Not an der Frau" ist, kann die Familie eine Haushaltshilfe beantragen. Im Fall einer Entbindung betreut die Hilfe den Haushalt bis zu sechs Tage nach der Geburt. In Ausnahmefällen, zum Beispiel bei einer Kaiserschnittgeburt, übernimmt die Krankenkasse die Kosten für weitere Betreuungstage. Im Krankheitsfall ist zudem eine Kostenübernahme für die gesamte Dauer möglich, während derer die Haushaltshilfe benötigt wird. Anspruch auf eine fremde Hilfe besteht grundsätzlich immer dann, wenn ein Kind unter zwölf Jahren oder ein behindertes Kind im Haushalt lebt und niemand die anfallenden Arbeiten übernehmen kann.

Der Antrag muß bei der Krankenkasse gestellt werden – in dringenden Fällen reicht ein Telefonat. Allerdings muß der schriftliche Antrag dann unverzüglich nachgereicht werden. Die Vermittlung der Haushaltshilfe wird aber nicht von der Kasse übernommen, sondern von verschiedenen sozialen Servicezentren der Städte.
Scheuen Sie sich nicht, die Hilfe in Anspruch zu nehmen, das ist

gen) kostenlos einen Kinderarzt oder eine Kinderärztin aufsuchen, das Kind wiegen und begutachten lassen und fragen, fragen, fragen. Kinderärztliche Untersuchungen, Beratung über Entwicklung, Erziehung, Hilfe und Pflege, Rachitisprophylaxe und Impfungen werden durchgeführt. Die Atmosphäre bei der Mütterberatung ist meist ruhiger und ungezwungener als in „normalen" kinderärztlichen Praxen, so daß es leichter fällt, über Probleme zu reden. Das beste aber: Im Vorzimmer warten viele andere Mütter aus der Nachbarschaft, und nach dem ersten Blickkontakt sind schnell neue Bekanntschaften geschlossen.
▶ *Mütterberatungsstellen des Gesundheitsamtes der Stadt Nürnberg, Zentrale Burgstr. 4, 90403 Nürnberg, Tel. 231 21 59 u. -27 24.*
▶ *Mütterberatung der Stadt Fürth, Königsplatz 2, 90762 Fürth, Tel. 0911-974 19 21.*

ERSATZMAMI GESUCHT

Finden Sie heraus, was Ihrem Baby gefällt!

besser für Ihre Heilungschancen und damit auch für das Kind! Wichtig: frühzeitig anrufen, sobald der Geburts- oder Operationstermin ansteht.

HAUSHALTSHILFEN

Dort finden Sie sie!
▶ *Bayerischer Mütterdienst, Familienpflege, Dammstr. 4, 90443 Nürnberg, Tel. 28 43 05.*
▶ *Bayerisches Rotes Kreuz, Familienhaushaltshilfe, Nunnenbeckstr. 43, 90489 Nürnberg, Tel. 53 00.*
▶ *Caritasverband Nürnberg, Ambulante Kranken-, Alten- und Familienpflege, Obstmarkt 28, 90403 Nürnberg, Tel. 23 54 18.*
▶ *Diakonisches Werk Bayern, Referat Ambulante pflegerische Dienste, Postfach 12 03 20, 90332 Nürnberg, Tel. 935 43 33* oder die nächste Diakoniestation in Ihrer Nähe.

ERZIEHUNGSGELD

▶ *Bayerisches Rotes Kreuz, Familienbetreuung, Henri-Dunant-Str. 11, 90762 Fürth, Tel. 0911-779 81 13.*
▶ *Caritasverband Fürth, Familienpflege, Alexanderstr. 30, 90762 Fürth, Tel. 0911-740 50 13.*
▶ *Arbeitersamariterbund, Familienpflege, Gundstr. 9, 91056 Erlangen, Tel. 09131-90 50 19.*
▶ *Bayerisches Rotes Kreuz, Karl-Zucker-Str. 18, 91052 Erlangen, Tel. 09131-89 19 13, 30 30 44.*
▶ *Caritasverband Erlangen, Familienpflegestation, Mozartstr. 29, 91052 Erlangen, Tel. 09131-885 60, u. -280 65.*

Suche übers Arbeitsamt

Wer längerfristig eine Haushaltshilfe sucht, wendet sich am besten an die Arbeitsvermittlung des Arbeitsamtes. Diese vermittelt Vollzeithilfen, die auf Steuerkarte für mindestens DM 2.000 brutto im Haushalt arbeiten, aber auch Teilzeithilfen auf 610-Mark-Basis, die die Eltern nur einige Stunden in der Woche im Haushalt unterstützen. Die Kontaktaufnahme mit den ArbeitsvermittlerInnen des Amts kann telefonisch, schriftlich oder persönlich erfolgen.
▶ *Arbeitsamt Nürnberg, Arbeitsvermittlung, Richard-Wagner-Platz 5, 90327 Nürnberg, Tel. 242 25 55.*
▶ *Arbeitsamt Nürnberg, Dienststelle Fürth, Stresemannplatz 5, 90763 Fürth, Tel. 0911-970 50.*
▶ *Arbeitsamt Erlangen, Strümpelstr. 14, 91052 Erlangen, Tel. 09131-71 10.*

DAMIT'S IM GELDBEUTEL STIMMT

ERZIEHUNGSGELD

Amt für Versorgung und Familienförderung
Bärenschanzstr. 8a, 90429 Nürnberg, Tel. 928 24 20, -24 51 u. -24 57, Fax 928 24 00.
Erziehungsgeld erhalten alle Mütter oder Väter – auch nichtehelicher Kinder –, wenn sie das Kind vorwiegend selbst betreuen und erziehen. Bei berufstätigen Müttern rechnet der Staat das Mutterschaftsgeld auf das Erziehungsgeld an. Die Höhe des gewährten Zuschusses ist einkommensabhängig und beträgt monatlich maximal DM 600. Wichtig: Innerhalb von sechs Monaten nach der Geburt muß der Antrag auf die zweijährige staatliche Unterstützung beim Versorgungsamt eingehen, damit das Geld noch rückwirkend gezahlt werden kann. Die Antragsformulare erhält man dort direkt oder bei den Krankenkassen, im Krankenhaus und bei den Familienberatungsstellen.
In Bayern wird im Anschluß daran für weitere 12 Monate Landeserziehungsgeld gezahlt. Es beträgt monatlich maximal DM 500, die Bedingungen sind im wesentlichen die gleichen wie beim Bundeserziehungsgeld. Auskunft und Antrag gibt es beim Versorgungsamt.

DAS STEHT IHNEN ZU

Für Familien mit Kind gibt es mehrere Möglichkeiten finanzieller Unterstützung, die Sie unbedingt in Anspruch nehmen sollten.
Erwerbstätige Frauen, die Mitglied einer gesetzlichen Krankenkasse sind, erhalten von ihrer Kasse Mutterschaftsgeld. Hierfür müssen Sie vor Beginn der Mutterschutzfrist, die von sechs Wochen vor bis acht Wochen nach der Geburt dauert, eine ärztliche Bescheinigung mit dem voraussichtlichen Geburtstermin bei Ihrer Krankenkasse einreichen.

Mütter ohne Anspruch auf Mutterschaftsgeld erhalten statt dessen ein einmaliges Entbindungsgeld. Die Krankenkasse zahlt den Betrag gegen Vorlage der Geburtsurkunde aus.
Auch Väter sollten ihre Arbeitgeber über die Geburt des Kindes informieren, denn häufig haben sie Anspruch auf zusätzliche Urlaubstage. Wichtig: Gehen Sie mit Ihrer Steuerkarte zum Finanzamt, und lassen Sie Ihr Kind eintragen – das erhöht das Nettogehalt.
Möglichst bald nach der Geburt sollten Sie Erziehungsgeld beantragen, da es nur sechs Monate rückwirkend, insgesamt bis zum vollendeten zweiten Lebensjahr gezahlt wird. Der Antrag muß jedes Jahr neu gestellt werden.
Für den Antrag auf Kindergeld ist Ihr Arbeitgeber Ansprechpartner. In einigen Fällen ist er davon befreit, dann müssen Sie sich ans Arbeitsamt wenden. Alternativ zum Kindergeld können Sie sich für einen Steuerfreibetrag entscheiden.
Wenn Sie aus gesundheitlichen Gründen Ihren Haushalt nicht selbst führen können, haben Sie Anspruch auf eine Haushaltshilfe. Die Modalitäten sind gesetzlich geregelt, informieren können Sie sich bei Ihrer Krankenkasse.

KINDERGELD

Eine Broschüre zum Thema Erziehungsgeld/Erziehungsurlaub gibt das *Bundesministerium für Familie, Senioren, Frauen und Jugend, Rochusstr. 8-10, 53123 Bonn* heraus.

Pro Familia Nürnberg
Äußere-Cramer-Klett-Str. 9, 90489 Nürnberg, Tel. 55 55 25, Fax 581 85 57.
Alle die Finanzen betreffenden Fragen werden in der Infoveranstaltung „Finanzielle Hilfen vor und nach der Geburt" beantwortet. Jeden 2. Donnerstag im Monat bietet Pro Familia diese kostenlose Übersichts-Beratung an, jeweils von 16.30-18 Uhr.

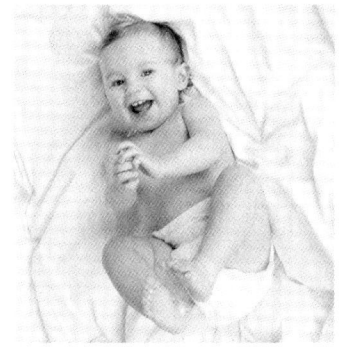

Auch die Kleinsten haben Rechte und Ansprüche

KINDERGELD

Familienkasse des Arbeitsamtes Nürnberg *Karl-Grillenberger-Str. 3, 90402 Nürnberg, Tel. 24 20.*
Der Antrag auf Kindergeld muß bei der Kindergeldkasse des zuständigen Arbeitsamtes gestellt werden. Ab Januar 1997 zahlt der Staat für das erste und zweite Kind monatlich DM 220 bis zur Vollendung des 18. Lebensjahres. Diese Zahlung ist jedoch nur beim ersten Kind unabhängig vom Einkommen der Eltern. Grundsätzlich gilt seit dem 1. Januar 1997 die Wahlmöglichkeit zwischen Kindergeld und Kinderfreibetrag. Nähere Informationen gibt es in einer Broschüre des *Bundesministeriums für Familie, Senioren, Frauen und Jugend, Postfach 201559, 53113 Bonn.*
Um das Kindergeld zu beantragen, sind die Geburtsurkunde und ein Antragsformular (telefonisch bei der Kindergeldkasse zu bestellen) notwendig. Den Kindergeldantrag stellen Sie nach der Geburt. Durch eine Neuregelung können rückwirkend alle Zahlungsansprüche bis zum Juli 1997 in Anspruch genommen werden. Ansprüche, die länger als vier Jahre zurückliegen, verjähren. Das gleiche gilt für den Antrag auf Zuschlag für das Kindergeld.
Genaue Fragen beantworten die MitarbeiterInnen der Familienkasse telefonisch oder in einem persönlichen Beratungsgespräch von Mo-Fr 8-12.30 und Do 13.30-18 Uhr. Übrigens: Auch Eltern aus Fürth und Erlangen müssen sich an die Familienkasse in Nürnberg wenden.

GUT VERSORGT BEIM START INS LEBEN

ALLERGIEN

alfda – Artikel für Allergiker Handels-GmbH
Jenseitsstr. 55a, 50127 Bergheim, Tel. 02271-98 03 09.
Jeder dritte Mensch in Deutschland ist allergisch. Damit Allergien gar nicht erst entstehen, ist es gerade bei Kleinkindern wichtig, den Kontakt mit chemischen und allergieauslösenden Materialien zu vermeiden. Aus diesem Grund bietet der Versandhandel alfda weitgehend Produkte ohne Allergene, also ohne allergieerzeugende Stoffe, an. Er führt Baumwoll-Wickelhosen mit Klettverschluß aus ungebleichter Baumwolle. Außerdem: Babykleidung aus naturbelassener Baumwolle und milbendichte Bettbezüge. Speziell für neurodermitiskranke Säuglinge gibt es Schlafanzüge mit Kratzschutz gegen nächtliches Wundkratzen.
Das alfda-Sortiment umfaßt neben einer großen Auswahl an Fachliteratur zum Thema Allergien auch Lufttreiniger mit Mikrofiltern, Wasserfilter, Reinigungs- und Waschmittel sowie Körperpflegemittel speziell für Säuglinge. Das medizinisch geschulte Personal hilft bei Fragen gern weiter. Der Katalog kann kostenlos bestellt werden.

Arbeitsgemeinschaft Allergiekrankes Kind e.V. *Wöhrder Hauptstr. 27, 90489 Nürnberg, Tel. 53 31 36. Kontakt: Fr. Tröger.*
Erkrankungen wie Asthma, Heuschnupfen und andere Allergien kommen immer häufiger schon bei Kleinkindern vor. Vor allem Neurodermitis ist eine Krankheit, an der in erster Linie Kinder leiden. Über dem Ballungsraum Nürnberg herrscht zudem „dicke Luft", so daß Atemwegsbeschwerden bei Kindern extrem häufig auftreten. Betroffene Eltern, die sich nicht nur auf ÄrztInnen verlassen wollen, haben die Arbeitsgemeinschaft Allergiekrankes Kind gegründet. Jetzt helfen sie sich selbst und anderen mit Informationsveranstaltungen, Beratungsgesprächen und Heilungstips zum Thema Allergien. „Ganz wichtig ist hier die Prävention", sagt Frau Tröger, die Ansprechpartnerin der AG. „Wenn der Säugling in der sensiblen Phase der ersten Lebensmonate gar nicht mit allergenen Stoffen in Berührung kommt, ist die Gefahr, daß später eine Allergie ausbricht, schon viel geringer." Eltern, die selber Allergiker sind, sollten sich also schon vor der Geburt des Kindes kundig machen über die Kinderzimmereinrichtung, die Kleidung, die Pflege und die Ernährung des Kindes. Frau Tröger steht hier gern mit Ratschlägen zur Seite.
Ist eine Allergie ausgebrochen, dürfen die Eltern vor allem keine Sofortlösungen erwarten. Die

Papi ist der Größte!

GUT VERSORGT BEIM START INS LEBEN

Maßnahmen, die wirklich helfen, verlangen meist eine umwälzende Lebensumstellung und fördern einen langsamen, doch stetigen Heilungsprozeß.

Weitere Adressen

Hier erhalten Sie Informationen und Hilfe:
- ▶ *Eltern von Kindern mit Asthma und Neurodermitis, Erlangen, Fr. Bäuerle, Tel. 09131-32 07 47.*
- ▶ *Elterninitiative Pseudo-Krupp, Fr. Steiner, Nürnberg, Tel. 51 13 00.*
- ▶ *Institut für präventive Pneumologie, Flurstr. 1, 90419 Nürnberg, Tel. 398 24 12.*

Zwei wichtige Ansagedienste:
- ▶ *Pseudo-Krupp-Telefon, Ozon-Info des Gesundheitsamtes Nürnberg, Tel. 22 70 06.*
- ▶ *Pollenflugansage des Klinikums Nürnberg, Tel. 398 29 77.*
- ▶ *Naturheilverein Nürnberg-Fürth-Erlangen e.V., Königstr. 39, 90402 Nürnberg, Tel. 228 86; Verein moderne Naturmedizin, Pillenreuther Str. 159, 90459 Nürnberg, Tel. 45 44 90.* Mo-Do 10-12 und 14-18 Uhr. Beide Vereine setzen sich für die alternative Vorbeugung und Behandung auch von Kinderkrankheiten ein. Dazu bieten sie Beratungen, z. B. zu allergischen Erkrankungen, und Vor-

DUFTÖLE BEI VERSCHNUPFTER NASE

Gerade in den ersten Lebensmonaten ist es sehr unangenehm, wenn das Baby eine verschnupfte Nase hat. Erleichterung schaffen Duftöle, die tropfenweise in Duftkerzen oder -lampen geträufelt werden. Schon ein oder zwei Tropfen Lavendelöl befreien die Nase des Babys, erleichtern das Ein- und Ausatmen und entkrampfen.

Desinfizierend wirkt Thymian, und dieses Kraut wird deshalb angewandt, um einer Erkältung vorzubeugen – etwa wenn Eltern oder Geschwister bereits krank sind.
Thymianöl reinigt die Luft von Bakterien und Viren innerhalb weniger Stunden. Aber Vorsicht, manche Babys reagieren schon bei einem Tropfen Duftöl empfindlich.
Besonders fruchtige Düfte wie Orangen- oder Limonenöl reizen schnell die Schleimhäute der Nase und der Augen oder stören den Geruchssinn des Babys. Probieren Sie vorsichtig aus, bei welchem Duftstoff und in welcher Dosierung sich das Kind wohl fühlt.

FRÜHFÖRDERUNG

FRÜHFÖRDERUNG

Frühförderung der Lebenshilfe *Krelingstr. 41, 90408 Nürnberg, Tel. 350 77 56.*
Gerade in den ersten drei Jahren kann entscheidend auf die Entwicklung eines Kindes eingewirkt werden. Umso wichtiger ist es daher, daß Eltern, deren Kinder sich langsamer oder „irgendwie anders" als Gleichaltrige entwickeln, sich möglichst früh um eine besondere Förderung bemühen. Versäumnisse in der ersten Lebenszeit können oft nur durch mühsames Training wieder wettgemacht werden. Also lieber einmal zu oft gefragt!
Die Initiative „Frühförderung" bietet betroffenen Müttern und Vätern qualifizierte Beratung und vermittelt Fachkräfte, die gezielt mit dem Kind zum Beispiel Wahrnehmung, Sprache und Motorik trainieren. Für die Eltern entstehen keine Kosten, da meistens KinderärztInnen und Krankenhäuser an die Initiative vermitteln und dann die Krankenkassen die Kosten übernehmen.

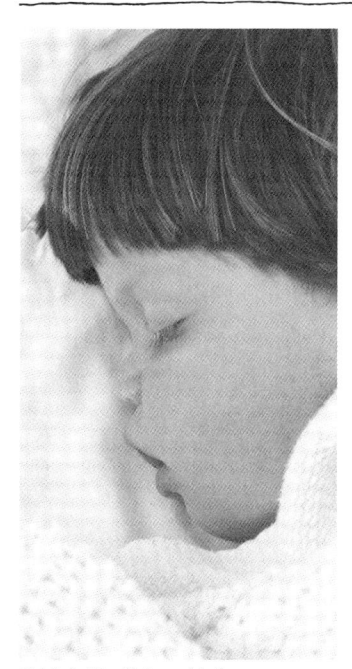

Schlaf, Kindlein, schlaf ...

träge zu unterschiedlichen Themen an. Infos und Termine bei den Vereinen.
▶ *Gesundheitstreffpunkt Südstadt, Gudrunstr. 51, 90459 Nürnberg, Tel. 45 18 95; Gesundheitstreffpunkt Nordost, Leipziger Str. 55, 90491 Nürnberg, Tel. 510 90 29.*
Die zwei Einrichtungen des Gesundheitsamtes Nürnberg veranstalten Kurse und Vorträge zur Gesundheit ganz allgemein. Immer wieder ist auch ein spezielles Kinderthema dabei, wie Allergien, Babymassage oder pädagogische Vorträge.

GUT VERSORGT BEIM START INS LEBEN

Weitere Adressen
▶ *Frühförderung Kinderhilfe, Zerzabelshofstr. 7, 90478 Nürnberg, Tel. 496 06.*
▶ *Frühförderung für blinde und sehbehinderte Kinder Nürnberg, Briegerstr. 25, 90471 Nürnberg, Tel. 801 23 u. 801 24.*
▶ *Pädo-Audiologische Beratungsstelle Nürnberg, Pestalozzistr. 25, 90429 Nürnberg, Tel. 326 33 60.*
▶ *Lebenshilfe Fürth e.V., Aldringerstr. 5, 90768 Fürth, Tel. 0911-72 22 52.*
▶ *Frühförderung Kinderhilfe, Hofmannstr. 67, 91052 Erlangen, Tel. 09131-20 89 54, 20 89 74.*
▶ *Lebenshilfe Erlangen e.V., Damaschkestr. 82, 91056 Erlangen, Tel. 09131-43 00 05.*
▶ *Frühdiagnosezentrum Luitpoldkrankenhaus Würzburg, Josef-Schneider-Str. 2, 97080 Würzburg, Tel. 0931-201 37 09.*
▶ *Neurologische Ambulanz der Uniklinik Erlangen, Schwabachanlage 6, 91054 Erlangen, Tel. 09131-85 30 01.*

Das schmeckt!

ERSTE HILFE

Um Unfällen vorzubeugen und im akuten Notfall richtig zu reagieren, sollten sich alle Eltern bei den Erste-Hilfe-Kursen für Kindernotfälle Wissen aneignen. Kann doch durch umsichtiges Verhalten schon mancher schlimme Unfall vermieden werden.
Und die richtigen Handgriffe rettet im entscheidenden Moment vielleicht das Leben des Kindes. Bei folgenden Einrichtungen können Eltern lernen, wie sie die Wohnung kindersicher einrichten und bei einem Notfall die richtigen ersten Maßnahmen treffen:
▶ *Arbeiter Samariter Bund Nürnberg, Wodanstr. 25, 90461 Nürnberg, Tel. 94 97 90.*
▶ *Johanniter Unfallhilfe Nürnberg, Hr. Koch, Bärenschanzstr. 10, 90429 Nürnberg, Tel. 27 25 70.*
▶ *Malteser Hilfsdienst Nürnberg, Hr. Bock, Hafenstr. 49, 90451 Nürnberg, Tel. 968 91 17.*

ERNÄHRUNG

▶ *Arbeiter Samariter Bund Erlangen, Gundstr. 9, 91056 Erlangen, Tel. 09131-90 50 27.* Kurse werden nach Bedarf eingerichtet.
▶ *Bayerisches Rotes Kreuz Erlangen, Karl-Zucker-Str. 18, 91052 Erlangen, Tel. 09131-530 10.*
▶ *Malteser Hilfsdienst Erlangen, Hr. Raab, Michael-Vogel-Str. 55, 91052 Erlangen, Tel. 09131-30 43 00.*

TIPS IM INTERNET

Jeanettes Schwangerschaftsforum *Tel. http://www.www-discount.de/potthast.*
Der beste Tip ist hier nur einen Mausklick entfernt. Im Schwangerschaftsforum von Jeanette Potthast kann jede Schwangere mit Internetanschluß Fragen stellen, Erfahrungsberichte schreiben, den Flohmarkt besuchen oder ihren Babyblues singen. Ein Team von Ärztinnen, Krankenschwestern und Hebammen checkt regelmäßig Themenseiten zu Kinderkrankheiten, Stillproblemen und Hausmitteln bei Schwangerschaftsbeschwerden durch.
Begonnen hat das Forum in dem Web-Ring „Mütter mit Modem", einem Zusammenschluß von Frauen-homepages, den die computerlustige Kölnerin Carola Enning ins Netz gerufen hat. Auch bei den Modem-Müttern finden sich tolle Schwangerschafts- und Kinderseiten, surfen Sie doch einfach mal vorbei: http://www.hausfrauenseite.de.

ERNÄHRUNG

Evangelische Familienbildungsstätte *Leonhardstr. 13, 90443 Nürnberg, Tel. 26 30 61.*
Im Alter von vier bis sechs Monaten wachsen die ersten Zähnchen, das Baby wird aktiver und verlangt nach ein bißchen mehr als immer nur Muttermilch: Die ersten Breie müssen auf den Tisch. Viele Eltern wollen dabei nicht unbedingt auf die relativ teure Gläschenkost zurückgreifen. Außerdem soll der kleine Spatz ja so gesund wie möglich ernährt werden. Im Kurs zur vollwertigen Babynahrung macht die Ernährungsberaterin den Eltern Mut, für das Essen ihres Kindes selbst zu sorgen. Gemeinsam mit ihr kochen Mamis und Papis leckere Babygerichte. Mit dem nötigen Vollwert-Know-How im Hinterkopf und einem Ernährungsfahrplan für die ausgeglichene Versorgung des Kindes schwingen die Eltern dann zu Hause ganz gekonnt den Kinderküchen-Kochlöffel.

Weiter auf Seite 70 ...

SO FÜHLT SICH IHR BABY WOHL

Babypflege bedeutet nicht nur Sauberkeit und damit Hygiene, sondern gleichzeitig Zeit und Raum für Zärtlichkeit und Zuwendung. Die Verbindung von Schmusen und Pflegen, von Streicheln und Sauberkeit ist Nahrung für die Sinne und fördert die Entwicklung Ihres Kindes. Nehmen Sie sich deshalb genügend Zeit für die tägliche Babypflege.

In den ersten Lebenswochen genügt ein Vollbad pro Woche, da zu häufiges Baden die dünne und empfindliche Babyhaut austrocknen kann. Die Haut des Neugeborenen hat, im Gegensatz zum Schutzmantel der Erwachsenenhaut, nur einen leichten Fettfilm. Sanftes, aber gründliches Abwischen mit einem warmen Waschlappen genügt meistens.
Das Badewasser sollte eine Temperatur von ca. 37 °C haben. Achten Sie darauf, daß auch das Badezimmer zwischen 22 bis 24 °C hat, sonst empfindet Ihr Kind die Temperaturschwankungen als zu groß.

Für manche Neugeborenen bekommt das Baden Ritualcharakter, und sie genießen die Bewegung und die besondere Zuwendung im angenehmen Naß sehr. Damit Ihr Kind keine Angst vorm Baden bekommt, ist ein sicherer und fester Griff notwendig. Lassen Sie Ihr Baby ganz langsam und vorsichtig ins Badewasser, mit den Füßen zuerst. Das Gesicht und die Ohren sollten nie untergetaucht sein. So wird Ihr Kind positive Erinnerungen mit dem Badeerlebnis verbinden. Ebenso wie das Baden kann auch das Wickeln zu einem Pflegeritual werden. In der Regel sollten Sie Ihr Neugeborenes mindestens zu jeder Mahlzeit trockenlegen, da sich andernfalls Wärme und Feuchtigkeit stauen können und dadurch die Verbreitung von Bakterien und Hautpilzen begünstigt und Ihr Baby wund wird.

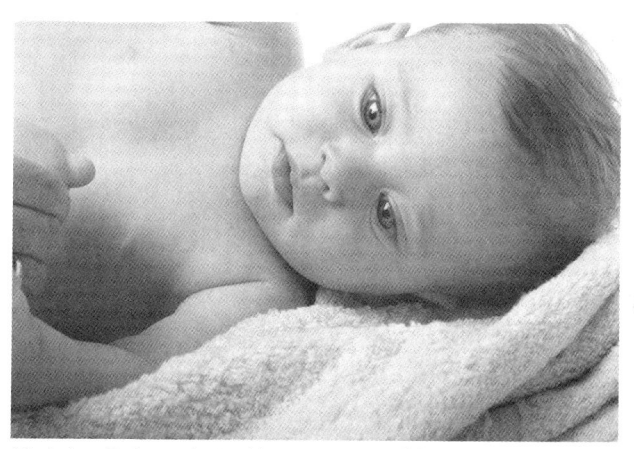

Nach dem Baden noch eine kleine Massage gefällig?

Der Wickeltisch muß vor Zugluft geschützt sein und eine weiche Unterlage haben. Legen Sie sich vor dem Wickeln alle Pflegeutensilien, also ein Schüsselchen mit warmem Wasser, Waschlappen, Handtuch, Windeln, frische Wäsche und evtl. Creme, Öl und Pflegetücher bereit.

Ob Sie sich für Höschenwindeln oder traditionelle Stoffwindeln mit Höscheneinsatz entscheiden, ist Ansichtssache und hängt auch davon ab, was Ihr Baby am besten verträgt. Denken Sie immer daran, daß gerade in den ersten Lebenswochen Berührungen der wichtigste Kontakt zwischen Ihnen und Ihrem Kind sind. Neben spontanen Zuwendungen wie Streicheln und Küssen können Sie sich und Ihrem Baby zwischendurch leichte Massagen gönnen. Das ist viel mehr als zärtliche Berührung: Sie fördern die Bildung von Wachstumshormonen und verhindern negativen Streß. Die Streichelmassage kann Kopf, Bauch, Rücken, Beine und Arme umfassen. Erkundigen Sie sich in einer Buchhandlung, bei Ihrer Hebamme oder der KinderärztIn nach einschlägiger Literatur oder nach Kursen in Babymassage. Babypflege kann so zum sinnlich-spielerischen Erlebnis für Eltern und Kind werden.

GUT VERSORGT BEIM START INS LEBEN

Forschungsinstitut für Kinderernährung *Heinstück 11, 44225 Dortmund, Tel. 0231-71 40 21, Fax 0231-71 15 81.*
Die verschiedenen Formen der Säuglingsernährung gehören zu den Arbeitsgebieten des Forschungsinstituts für Kinderernährung (FKE). Große Aufmerksamkeit wird der Ernährung von Frühgeborenen gewidmet. Auf der Basis jahrzehntelanger Forschungen sowie in Zusammenarbeit mit anderen wissenschaftlichen Einrichtungen im In- und Ausland hat das FKE mehrere Broschüren für interessierte Eltern publiziert. Sie beinhalten Empfehlungen für die ideale Kost der schwangeren bzw. stillenden Frau und geben Hilfestellung bei Babys Ernährung im ersten Lebensjahr. Eine Liste der angebotenen Broschüren erhalten Sie beim FKE. Der Vertrieb erfolgt gegen Schutzgebühr durch die *Deutsche Gesellschaft für Ernährung in Frankfurt, Tel. 069-97 68 03 20.*

Mütter gegen Atomkraft *Wurzelbauerstr. 35, 90409 Nürnberg, Tel. 58 10 11.*
Obwohl der Unfall im Reaktor von Tschernobyl lange vorbei ist, sind immer noch Nahrungsmittel radioaktiv verseucht. Gerade für die kleinsten Menschen aber ist die Anreicherung von schädigenden Substanzen im Körper sehr gefährlich. Deswegen geben die

Babys sind empfindlich ...

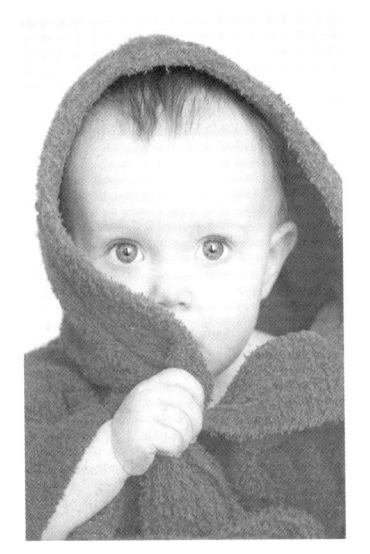

ÖKOLOGISCHE BABYNAHRUNG

Mütter gegen Atomkraft nach wie vor regelmäßig Meßlisten heraus. Außerdem sammeln sie für die Kinder von Tschernobyl. Am wichtigsten aber ist ihr Kampf für das Recht auf unbelastete Nahrung. Im Lauf der Jahre haben die Gruppen außerdem viel Wissen über belastete Lebensmittel gesammelt und können hier oft helfen oder weitervermitteln.
Auch in Erlangen und Fürth gibt es Gruppen:
▶ *Mütter gegen Atomkraft Fürth, Fr. Göllner, Tel. 0911-72 92 29, Mi-Fr 8-12 Uhr.*
▶ *Mütter gegen Atomkraft, Mütterzentrum Erlangen, Luitpoldstr. 4, 91054 Erlangen, Tel. 09131-265 68.*

ÖKOLOGISCHE BABYNAHRUNG

Abo-Kiste *Landgut Schloß Hemhofen, 91334 Hemhofen, Tel. 09195-83 81, Fax 09195-501 68.* Ernährungsexperten sind sich einig: Babynahrung sollte mit möglichst wenig Schadstoffen belastet sein. Was aber tun, wenn der nächste Bioladen weit weg ist oder zwischen Windelnwechseln, Krabbelgruppenbesuch und Stillen keine Zeit zum Einkaufen bleibt?
Da gibt es eine praktische Lösung: Die Abo-Kiste liefert frische Lebensmittel aus ökologischem Anbau regelmäßig ins Haus. Dafür müssen Sie noch nicht einmal anwesend sein, der Bote stellt die Kisten auch in die Garage, den

... und sie reagieren oft ganz unerwartet

GUT VERSORGT BEIM START INS LEBEN

Hausflur oder zum Nachbarn. Die Kosten werden monatlich abgebucht. Dann bekommen Sie in der Regel einmal pro Woche Gemüse und Salate, Obst, Getreide zum Breikochen, Eier, Fleisch, Nudeln, kurz alles, was ein gut sortierter Naturkosthandel bietet. Für stillende Mütter und Kleinkinder gibt's eine spezielle Abo-Kiste ohne blähende und treibende Gemüsesorten. Ein Abo-Paket für zwei Personen kostet um die DM 18. Gratis gibt's jede Woche Rezepte dazu, und im Herbst lädt das Landgut zu einem großen Hoffest ein.

Weitere Adressen
▶ *bio-dings, Harsdörfferstr. 13, 90478 Nürnberg, Tel. 46 80 44.* Gläschen, Getreidebreie, Pflegeprodukte, Ziegenmilchpulver, Schafsmilcherzeugnisse. Öffnungszeiten Mo-Fr 9.30-18, Sa 9-13 Uhr.
▶ *ebl Naturkost, vier Filialen in Nürnberg: Wilhelmshavener Str. 15, Tel. 384 99 22, Laufamholzstr. 40, Tel. 544 19 84, Am Plärrer, Tel. 287 83 44, Sulzbacher Str., Tel. 557 357.* Gläschen, Getreidebreie, Sojaprodukte, Pflegeartikel, Fleisch. Öffnungszeiten Mo-Fr 8-20, Sa 8-16 Uhr.
▶ *Lotos, Hessestr. 4, 90443 Nürnberg, Tel. 266 180.* Gläschen, Breie, Pflegeartikel, Reismilch, Sojaprodukte, Literatur. Öffnungszeiten Mo 12-18, Di-Fr 10-18, Sa 10-13 Uhr.
▶ *Sonnenblume, Juvenellstr. 17, 90419 Nürnberg, Tel. 33 00 15.*

Reif für ein Verdauungsschläfchen?

Gläschenkost, Breie, frisches Obst und Gemüse, Socken, Pflegeprodukte, Didymos-Tragetücher, Baby-Schlafsäcke, Bettwaren. Öffnungszeiten Mo-Fr 9.30-13 u. 15-18, Sa 9-12.30 Uhr.
▶ *Grashupfer, Nürnberger Str. 82, 90762 Fürth, Tel. 0911-70 92 70.* Gläschenkost, Getreidebreie, frisches Obst und Gemüse. Öffnungszeiten Mo, Di, Mi und Fr 9.30-18, Do 9-14 Uhr.
▶ *Öko-Markt, Max-Planck-Str. 30, 91058 Erlangen, Tel. 09131-656 49.* Gläschenkost, Getreidebreie, frisches Obst und Gemüse, Cremes, Bäder, Öle, Naturkleidung. Öffnungszeiten Mo/Sa 9-12 Uhr, Di-Fr 9-18 Uhr.

DAS AKTIVE BABY

BABYMASSAGE

Die Babymassage kommt ursprünglich aus Indien und Tibet, wo die Frauen traditionell ihren Nachwuchs mit duftenden Ölen massieren. Das Urbedürfnis der Kinder nach Wärme, Zärtlichkeit und Berührung kann durch diese regelmäßige Massage besonders gut gestillt werden. Schließlich ist die Haut in der ersten Zeit nach der Geburt das am besten ausgebildete Sinnesorgan, mit dem das Baby Kontakt zu seinen Eltern und der Umwelt aufnimmt. Dabei ist Babymassage nicht gleich Babymassage. Damit Baby und Mutter sich optimal entspannen können, ist es wichtig, daß Kursleiterin und Teilnehmerin miteinander harmonieren. „Wenn die Eltern sich für Babymassage interessieren, sollten sie sich vorher erkundigen, was der Kurs leistet und ob ihre Vorstellungen erfüllt werden", rät die Babymasseurin Andrea Hörchner.

Doris Bittner
Leipziger Str. 68, 90765 Fürth, Tel. 0911-794 00 07.
Die Geburtsvorbereiterin und PEKiP-Leiterin Doris Bittner bietet Babymassagekurse nach dem Ansatz des Mediziners Leboyer an, der diese Methode aus Indien mitbrachte. Aber auch SchwangerenSchwimmen, Rückbildungskurse und Babyschwimmen, kurz die ganze Palette von Aktivitäten rund um Schwangerschaft und Baby kann frau bei ihr absolvieren. Und viele Frauen tun das auch. Denn über den langen Zeitraum des Zusammenseins entsteht eine große Vertrautheit zwischen der Kursleiterin und den Teilnehmerinnen. „Am schönsten ist es für mich, wenn die Frauen in meinen Kursen neue Freundschaften schließen und über die Zeit bei mir hinaus zusammenbleiben." Eine Freude, die ihr schon oft vergönnt war. Doris Bittner bietet die Kurse in verschiedenen Fürther Einrichtungen an, interessierte Frauen können sich direkt bei ihr anmelden.

Weitere Adressen
Babymassage-Kurse bieten an:
▶ *Andrea Hörchner, Coseler Str. 2, 90473 Nürnberg, Tel. 0911-80 67 00.*
▶ *Bayerisches Rotes Kreuz Nürnberg* (→ S. 14).
▶ *Familienbildungsstätte Nürnberg* (→ S. 67).
▶ *Mütterzentren* (→ S. 81).
▶ *VHS Fürth* (→ S. 26).
▶ *VHS Erlangen* (→ S. 25).

BABYSCHWIMMEN

Der Spaß im Schwimmbecken wirkt sich positiv auf die gesamte Entwicklung des Kindes aus. Damit Motorik, Wahrnehmung und Selbständigkeit frühzeitig gefördert werden, sollten die Säuglinge im Alter von sechs bis acht Wochen

DAS AKTIVE BABY

nach der Geburt mit dem Training beginnen – spätestens jedoch mit vier Monaten. Nur dann sind die angeborenen Schwimmreflexe noch vorhanden.
Wichtig: Das Kind zu Hause auf den Kurs vorbereiten. Dazu häufiger mal eine Plancherei in der großen Badewanne veranstalten und peu à peu die Wassertemperatur auf 34 °C herabsenken, damit sich das Kind an das kühlere Naß im Schwimmbad gewöhnt. Und hin und wieder vorsichtig etwas Wasser über den Kopf des Säuglings gießen. Nicht vergessen: Zur Teilnahme an Schwimmkursen wird meist eine kinderärztliche Unbedenklichkeitsbescheinigung verlangt.

Dephin-Schwimmschule
Norikerstr. 19, 90402 Nürnberg, Tel. 494 16.
Wie Delphine im Wasser fühlen sich die Kleinsten in Nürnbergs familiärer Schwimmschule. Im Hochhausbad in der Norikerstraße werden Motorik, Wahrnehmung und Selbständigkeit ab dem dritten Lebensmonat gefördert.
Die Delphin-Schwimmstunden finden in einem 4 x 8 Meter-Becken in fröhlicher Planschstimmung statt, das 3-Monats-Abo kostet DM 175, das 6-Monats-Abo DM 295. Schwimmzeit ist Dienstag oder Donnerstag von 9.45-10.30 Uhr.

Sauna Active Club Holiday Inn Crowne Plaza *Valznerweiherstr. 200, 90480 Nürnberg, Tel. 402 94 54.*
Nobel haben es die Wasserplanscher im Holiday Sauna Club. In dem eleganten Ambiente fühlen sich Mutter und Kind um so wohler, als die beiden täglich gern gesehen sind. Hier gibt es nämlich keine starren Kurszeiten, sondern die schwimmwilligen Kiddies können kommen, wenn sie ausgeschlafen haben, gerade nicht verschnupft sind oder das Wetter für die Kinderwagenrundfahrt zu naß ist. Dann üben die kleinen Wonneproppen unter fachkundiger Anleitung an ihrer Motorik oder haben einfach Spaß am warmen Wasser des Sauna Clubs. 10 Einheiten kosten ca. DM 180 plus DM 50 für die Mutter oder den Vater.
Mo, Mi, Do, Fr 15-16 , Di 14-15, Sa 10-11 Uhr.

Weitere Adressen
▶ *Südbad, Allersberger Str. 120, 90461 Nürnberg, Tel. 44 38 84.*
Für Babys ab 3 1/2 Monaten, die

SONSTIGE KURSE

Kurse dauern je 45 Minuten, 15 Wochen mit je einer Stunde Babyschwimmen kosten DM 120.
▶ *VHS Fürth* (→ S. 26). Babyschwimmen, Spielen und Bewegen im Wasser. Für Babys ab 4 Monaten. Sechs Schwimmeinheiten kosten DM 60-75 plus Badeintritt DM 15.
▶ *Bayerisches Rotes Kreuz Fürth, Henri-Dunant-Str. 11, 90762 Fürth.* Wassergewöhnung für Babys ab 4 1/2 Monaten, Fr. Volz, Tel. 0911-77 98 113.
▶ *VHS Erlangen* (→ S. 25). Wasserspaß für Babys ab 5 Monaten. Sechs mal Wasserspaß kostet DM 72, inkl. Badeintritt.

SONSTIGE KURSE

Folgende Einrichtungen bieten Kurse an, in denen neben Sing- und Bewegungsspielen mit den Babys auch die gezielte Beratung und der Erfahrungsaustausch von Müttern und Vätern auf dem Programm stehen:
▶ *Bildungszentrum, Gewerbemuseumsplatz 1, 90403 Nürnberg,* Tel. 231 31 47.
▶ *Evangelische Familienbildungsstätte, Nürnberg* (→ S. 67).
▶ *Zentrum Koberger Straße, Nürnberg* (→ S. 26). Vätergruppe für Männer mit Babys.
▶ *VHS Fürth* (→ S. 26).

Babys haben angeborene Schwimmreflexe

DAS AKTIVE BABY

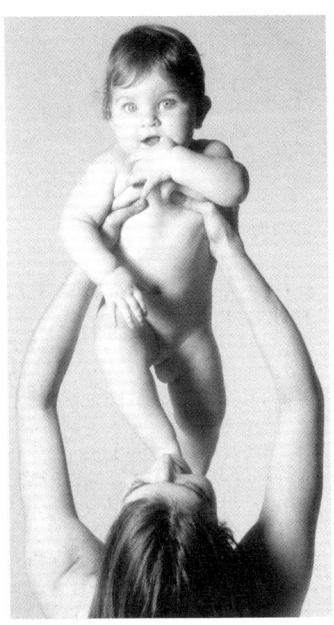

Bewegungsspaß zu zweit

PEKiP

Bei der Bewältigung von Ängsten und Unsicherheiten der Eltern hilft im ersten Jahr das Prager-Eltern-Kind-Programm. In den Kursen können Mütter und Väter Kontakte zu anderen Eltern aufbauen und gemeinsam Alltagsfragen zum Stillen, Füttern, Wickeln und zur Erziehung erörtern. Doch in erster Linie soll durch Spiel- und Bewegungsanregungen die motorische und geistige Entwicklung des Babys unterstützt werden. Die ungefähr gleichaltrigen Kinder (ab der sechsten Lebenswoche) lernen in der Gruppe frühzeitig, untereinander Kontakt aufzunehmen oder gar schon Freundschaften zu knüpfen: durch Wettkrabbeln, Anfassen und Spielen. Das alles ist Sinn und Zweck der Methode, die auf den Prager Psychologen Dr. Jaroslav Koch (1910-1979) zurückgeht. Er stellte fest, daß in der Entwicklung des Kindes dem ersten Lebensjahr eine besondere Bedeutung zukommt. Gerade in dieser Zeit ist es wichtig, dem jungen Erdenbürger vielfältige Anregungen zu geben, dabei aber auf Druck und Zwang zu verzichten. Broschüren zum Thema gibt es beim PEKiP e.V., Heltorfer Str. 71, 47269 Duisburg, Tel. 0203-79 18 60.

Weitere Adressen
Das Angebot an den beliebten Krabbelkursen ist sehr groß. Infos und Termine zu allen PEKiP-Veranstaltungen im Großraum Nürnberg gibt die Regionalgruppenleiterin des PEKiP e. V., Fr. Uschalt, Tel. 0911-510 66 02.
Am besten suchen Sie sich eine Gruppe in Ihrer Nähe aus, beim geselligen Zusammensein, gemeinsamen Spielen und Reden bilden sich oft Freundschaften unter Müttern und Kindern, die bis übers Kindergartenalter reichen.
▶ *Bayerisches Rotes Kreuz Nürnberg* (→ S. 14).
▶ *Familienbildungsstätte Nürnberg* (→ S. 67).
▶ *Frauengesundheitszentrum, Nürnberg* (→ S. 6).

SELBSTHILFEGRUPPEN

- Zentrum Koberger Straße, Nürnberg (→ S. 26).
- Zoff und Harmonie, Nürnberg (→ S. 88).
- VHS Fürth (→ S. 26).
- VHS Erlangen (→ S. 25).
- Mütterzentren (→ S. 81).

KUREN

Bayerischer Mütterdienst
Deutenbacher Str.1, 90457 Stein, Tel. 0911-680 60.
Vorsicht – zuviel Streß macht krank! Gerade Mütter mit der Doppelbelastung Kind und Beruf oder Frauen mit mehreren Kindern sind häufig solchem Dauerstreß ausgesetzt, daß die Belastung zu gesundheitlichen Störungen führen kann. Kuren für Mutter und Kind bietet der Mütterdienst an, und sie werden von den Krankenkassen gezahlt, wenn ein ärztliches Attest vorliegt. Während die Kleinen in der Spielgruppe schnell neue FreundInnen finden, können sich die Mütter umfassend körperlich und seelisch regenerieren. Rechtzeitig anmelden!

WIE ES ANDEREN MÜTTERN UND VÄTERN GEHT

SELBSTHILFEGRUPPEN

Kindernetzwerk *Hanauer Str. 15, 63739 Aschaffenburg, Tel. 06021-120 30, Fax 06021-124 46.*
Eltern, deren Kinder eine seltene Behinderung oder Krankheit haben, finden in der nahen Umgebung oft keine Betroffenen, mit denen sie Erfahrungen austauschen können. Bundesweit aber gibt es eine Datenbank, in der Selbsthilfegruppen und AnsprechpartnerInnen für Kinderkrankheiten und Behinderungen gesammelt sind. Das Kindernetzwerk hilft mit kurzen Auskünften und Adressen kostenlos, längere medizinische Beratungen werden schriftlich und gegen eine moderate Entschädigung gegeben. Zusätzlich hat der Verein ein Buch herausgebracht, das die wichtigsten AnsprechpartnerInnen auflistet.
Wem der dicke Band zu teuer ist kann in dem Exemplar in der Nürnberger Stadtbücherei nachsehen. Telefonische Auskünfte Mo, Di, Do 9-12 Uhr.

Kontakt- und Informationsstelle für Selbsthilfegruppen
Hillerstr. 6, 90429 Nürnberg, Tel. 32 07 47.

WIE ES ANDEREN MÜTTERN UND VÄTERN GEHT

Ob es um ein gesundheitliches Problem oder um Schwierigkeiten in bestimmten Lebensphasen geht, wer bei einer Selbsthilfegruppe Rat sucht, bleibt mit seinen Sorgen nicht allein und erfährt wichtige Tips sowie Adressen von FachberaterInnen. Die regionale Kontaktstelle ist das Netzwerk sämtlicher Selbsthilfegruppen im Raum Nürnberg-Fürth-Erlangen. Rat- und Kontaktsuchende werden an entsprechende Gruppen vermittelt, ebenso unterstützt das Regionalzentrum bei der Gründung von Gruppen, vermittelt Räume und organisiert Fortbildungsveranstaltungen. Der Selbsthilfeführer Mittelfranken listet alle Gruppen der Region auf, dazu überregionale AnsprechpartnerInnen und Tips zur Gründung einer Initiative. Telefonberatung Mo 10-13 und 14-17 Uhr. In Erlangen: *Ohmstr. 2, Tel. 09131-20 92 34, Mi/Do 10-13 und 14-17 Uhr.*

Weitere Adressen
▶ *Erlanger Frühchengruppe im Kinderschutzbund, Erlangen, Fr. Arnold, Tel. 09131-20 35 41, Fr. Lammermann, Tel. 09131-370 26.* Förderung von Frühchen, Entwicklungsauffälligkeiten, praktische Tips, Gesprächsabende und Beratung.
▶ *Elterngruppe der Gesellschaft zur Erforschung des plötzlichen Säuglings-*

Ferien mit dem Baby bringen frischen Wind in den Alltag

tods, GEPS Landesgeschäftstelle Bayern, Hartstr. 70, 82110 Germering, Tel. 089-89 43 05 83. Vermittelt Kontakt zu regionalen Gruppen, Infomaterial und Beratung.
▶ *Elterninitiative zur Förderung hyperaktiver Kinder Nürnberg e.V., Hr. Pagel, Tel. 384 90 44.*
▶ *Hilfe für das autistische Kind, Regionalverband Mittelfranken e.V., Hr. David, Adelsdorf, Tel. 09195-41 42.* Kontakt zu Gesundheitbehörden, ÄrztInnen, TherapeutInnen, gegenseitige Hilfe.
▶ *Regenbogen Initiative „Glücklose Schwangerschaft" e.V. Nürnberg, Fr. Trenka, Auerbach, Tel. 09643-39 82.*
▶ *Selbsthilfegruppe Erlangen-Nürnberg für Eltern herzkranker Kinder, Fr. Beer, Erlangen, Tel. 09131-50 36 07.* Informationen zu Kinderkardiologie, Herzchirurgie, Psychologie und Sozialrecht, Erfahrungsaustausch, Betreuung von Kindern und Eltern während Klinikaufenthalten.

BILDUNGSSTÄTTEN

Kurse, für jeden etwas

▶ *Bildungszentrum Nürnberg, Gewerbemuseumsplatz 1, 90403 Nürnberg, Tel. 231 39 27; VHS Fürth (→ S. 26); VHS Erlangen (→ S. 25).* Seminare für bilinguale Familien, über Kindernotfälle oder zum Tragetuchbinden – die drei Volkshochschulen haben jedes Semester gute Angebote für junge Eltern im Programm. Dabei wird die ganze Palette von gesundheitlichen, pädagogischen und freizeitgestaltenden Angeboten genutzt. Jede VHS setzt ihre eigenen Schwerpunkte, es lohnt sich, alle Programme durchzustöbern und für interessante Kurse auch mal über die Stadtgrenze zu fahren!
▶ *Familienbildungsstätte, Nürnberg (→ S. 67).* Wie der Name schon sagt, kümmert sich die evangelische Einrichtung um das Schlauerwerden von Eltern. Im dicken, vierteljährlich erscheinenden Programmheft stehen Veranstaltungen zu Geburt und Elternschaft, zu Erziehungs- und Lebensfragen. Zum Kennenlernen können Sie ein internationales Frauenfrühstück besuchen.
▶ *Zentrum Koberger Straße, Nürnberg (→ S. 26).* In unregelmäßiger Folge und zu den verschiedensten Themen rund ums Kind bietet das Zentrum Vorträge und Veranstaltungen an. Kinderkrankheiten, Homöopathie und Naturheilkunde, Massageabende für Frauen oder Seminare zu pädagogischen Theorien locken immer ein interessiertes Publikum an.
▶ *Evangelisches Bildungszentrum Erlangen, Friedrichstr. 9, 91054 Erlangen, Tel. 09131-200 12.* Ein riesiges Programm für die kleine Stadt zaubert das Bildungszentrum herbei. Da wird die hyperaktive Mutter kritisch betrachtet, das Kinderzimmer gesund eingerichtet und eine Reihe von praktischen Tips zum Feiern, Basteln und Spielen weitergegeben.

WIE ES ANDEREN MÜTTERN UND VÄTERN GEHT

Volkshochschule Erlangen
Friedrichstr. 19-21, 91054 Erlangen, Tel. 09131-86 26 68.
Wenn das Baby da ist, ändern sich die Freizeitinteressen der jungen Familie von Grund auf. Wer bietet wo PEKiP-Kurse, Eltern-Kind-Gruppen und Info-Vorträge, ist die große Frage. Und es ist mühsam und zeitraubend, sich aus einzelnen Broschüreninfos einen Gesamtüberblick zu verschaffen. Hilfestellung gibt hier ein Info-Vormittag, den die Erlanger Volkshochschule gemeinsam mit dem Gesundheitsamt anbietet. Gabriele Kröner wendet sich damit speziell an Anfängereltern von Säuglingen und Kleinkindern, gibt einen Überblick über das Erlanger Angebot sowie Tips und Anregungen für alle, die sich im Kinderfreizeitdschungel zurechtfinden wollen. Eintritt frei, Termininfo bei der VHS Erlangen.

URLAUB

Über 180 Familienferienstätten gemeinnütziger und kirchlicher Träger gibt es in Deutschland. Das Besondere daran: In kleinen Wohneinheiten gibt es in den meisten Fällen BetreuerInnen oder ErzieherInnen, die sich um die Kinder kümmern, damit die Eltern Zeit zur eigenen Erholung haben. Infos bekommen Sie hier:
▶ *Aktionsgemeinschaft für Arbeitnehmerfragen (afa), Gudrunstr. 33, 90459 Nürnberg, Tel. 430 42 21.*
▶ *Amt für Gemeindedienst, Sperberstr. 70, 90461 Nürnberg, Tel. 431 61 90.*
▶ *Arbeiterwohlfahrt Nürnberg, Tel. 450 99 50.*
▶ *Bundeszentrale für gesundheitliche Aufklärung, Postfach 910152, 51071 Köln, Fax 0221-899 202 57.* Kostenloser Katalog mit Adressen von gemeinnützigen Familienferienstätten, Bestellung nur schriftlich oder per Fax.
▶ *Caritas, Obstmarkt 28, 90403 Nürnberg, Tel. 23 54 19.*
▶ *Diakonisches Werk Bayern, Referat Kur- und Erholungshilfe, Pirckheimerstr. 6, 90408 Nürnberg, Tel. 935 44 36.*
▶ *Evangelischer Arbeitskreis für Familienerholung, Altensteinstr. 51, 10437 Berlin, Tel. 030-83 00 14 50.* Verschicken Katalog.
▶ *Katholischer Arbeitskreis für Familienerholung, Hochkreuzallee 1, 53175 Bonn, Tel. 0228-95 91 70.* Katalog mit allen katholischen Ferienstätten gegen DM 3 in Briefmarken und frankiertem DIN A 5-Umschlag.
▶ *Kolping-Familienferienwerk Bayern, Adolf-Kolping-Str. 1, 80336 München, Tel. 089-55 15 81 71.*

PRIVATE ELTERNINITIATIVEN

Kinderhaus – Verein Oberfürberg *Heilstättenstr. 160, 90768 Fürth, Tel. 0911-72 94 12.*
Das Kinderhaus Oberfürberg bietet die ganze Palette eines Familien-Kommunikationszentrums:

Stillgruppen, Kindergruppen, Secondhand-Bazar und vor allem viele Möglichkeiten, nette Eltern kennenzulernen.

Mütterzentren
Wenn es die Mütterzentren nicht gäbe, müßte frau sie erfinden. Glücklicherweise aber hat jede Stadt im Großraum Nürnberg ihren offenen Treff für Mütter und Kinder. Hier beraten und unterstützen sich Mütter gegenseitig, und so manche Frau hat schon im Mütterzentrum eine „zweite Heimat" gefunden. Wer will, kann aktiv werden und z. B. mit Computerkursen, Englischkonversation oder Babymassage Wissen weitergeben. Das Tolle daran: Während die Kurse laufen, werden die Kinder im Spielzimmer betreut. Auch Mittagessen wird regelmäßig gekocht. Und im gemütlichen Café bleibt niemand lange allein.
Für Fragen rund ums Muttersein sind alle Zentren kompetente Anlaufstellen.
▶ *Mütterzentrum Nürnberg, Obere Seitenstr. 20, 90429 Nürnberg, Tel. 26 49 81 u. 287 67 81.*
▶ *Mütterzentrum Fürth, Friedrichstr. 7, 90762 Fürth, Tel. 0911-77 27 99.*
▶ *Mütterzentrum Erlangen, Luitpoldstr. 4, 91054 Erlangen, Tel. 09131-265 68.*

Treff-Fa, Familienselbsthilfe
Imbuschstr. 70-72, 90473 Nürnberg, Tel. 80 99 15.
Ein Mütter-Café, Kindergruppen für Zwei- bis Vierjährige und Secondhand-Verkauf – im Treff-Fa ist ganz schön was los! Mütter mit Kindern unter drei Jahren kommen besonders gern in den offenen Treff. Hier läßt es sich gut mit anderen Frauen plaudern, während die Kleinen die Spielsachen genauer inspizieren. Der vor sechs Jahren gegründete Verein untersteht der Stadt Nürnberg, wird aber von den Eltern selber verwaltet. Einen Babysitterdienst und eine Notmüttervermittlung bieten die Eltern von der Familienselbsthilfe übrigens genauso an wie ein umfangreiches Freizeit-Kursprogramm mit Töpferseminaren und Gitarrengruppen.

ELTERN-KIND-GRUPPEN

Offene Treffs
Sind Sie mit Ihrem Baby allein zu Hause, und halten es in den eige-

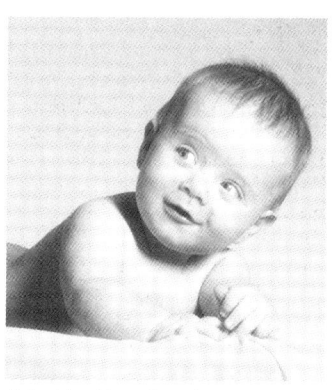

Sehe ich nicht toll aus?

Geborgenheit und Schutz in der Familie

ELTERN-KIND-GRUPPEN

nen vier Wänden nicht mehr aus? Viele Mütter und Väter schließen sich einer Eltern-Kind-Gruppe an. Diese Gruppen für Eltern mit Kindern ab dem Krabbelalter treffen sich regelmäßig, spielen und reden miteinander, unternehmen Ausflüge oder knüpfen ein Betreuungsnetz. Alles passiert in Eigenregie und steht und fällt mit dem Engagement und den Wünschen der Gruppenmitglieder.
Das Angebot an Eltern-Kind-Gruppen ist riesengroß, am besten suchen Sie sich eine in der Nähe, dann entstehen auch schnell nachbarschaftliche Freundschaften. Folgende Stellen halten Listen von Eltern-Kind-Gruppen bereit, stellen Räume zur Verfügung, helfen beim Aufbau neuer Gruppen oder bieten Fortbildungen für Gruppenleiterinnen an:

▶ *Katholisches Stadtbildungswerk Nürnberg, Obstmarkt 28, 90403 Nürnberg, Tel. 20 81 11.*
▶ *Kulturläden-Zentrale Nürnberg, Fr. Fitzpatrick, Gewerbemuseumsplatz 1, 90403 Nürnberg, Tel. 231 38 84, -46 74.*
▶ *Evangelisches Bildungswerk Nürnberg, Burgstr. 1-3, 90403 Nürnberg, Tel. 214 21 31.*
▶ *Evangelisches Bildungswerk Fürth, Benno-Mayer-Str. 9, 90763 Fürth, Tel. 0911-74 57 43.*
▶ *Evangelisches Bildungszentrum Erlangen, Fr. Abeßer, Friedrichstr. 9, 91054 Erlangen, Tel. 09131-200 13.*
▶ *Katholisches Bildungswerk Erlangen, Fr. Klundert, Mozartstr. 29, 91052 Erlangen, Tel. 09131-261 76.*
▶ *Stadt Erlangen, Amt für Freizeit, Fr. Zimmermann, Südliche Stadtmauerstr. 35, 91054 Erlangen, Tel. 09131-86 22 64.*

Special-Interest-Gruppen
Sprechen Sie russisch, oder sind Sie eine besonders junge Mutter? Manche Eltern-Kind-Gruppen finden sich wegen ganz bestimmter gemeinsamer Interessen zusammen.

▶ *Kulturladen Rothenburger Straße, Rothenburger Str. 106, 90439 Nürnberg, Tel. 26 65 86.* Afrodeutsche Eltern-Kind-Gruppe.
▶ *Zentrum Koberger Straße, Nürnberg (→ S. 26).* Integrative Kindergruppe.
▶ *Stadtjugendamt Erlangen, Fließbachstr. 23, 91052 Erlangen, Tel. 09131- 30 18 49.* Treff für 17-20jährige Mütter.
▶ *Freizeitzentrum Frankenhof, Erlangen, Tel. 09131-86 22 64.* Treffen russischsprechender Eltern-Kind-Gruppe.
▶ *Scheune, 91186 Büchenbach, Tel. 09131-44 08 77.* Integrative Eltern-Kind-Gruppe, französische Eltern-Kind-Gruppe.

WIE ES ANDEREN MÜTTERN UND VÄTERN GEHT

SELBSTHILFEGRUPPEN FÜR VÄTER

Forum Erwachsenenbildung, Evangelisches Bildungswerk e.V. *Burgstr. 1-3, 90403 Nürnberg, Tel. 214 21 33. Kontakt: Wolfram Jokisch.*

Wolfram Jokisch vom Forum Erwachsenenbildung weiß, wovon er spricht. Seit 10 Jahren engagiert sich der Sozialpädagoge für Männer- und Väterprobleme und meint trotzdem: „Es wird wohl noch ein paar Jahre dauern, bis die Männer zu sich selbst finden." In seinen Seminaren im Bildungsforum stehen allgemeine Männerfragen im Mittelpunkt wie „Männerfreundschaft" oder „Männer unter sich". Es sei wichtig, daß ein Mann mit sich selbst und seiner männlichen Rolle klar komme, daß er lerne, sich unabhängig von den Frauen zu begreifen. Erst dann seien Männer fähig, partnerschaftliche Beziehungen zu Frauen zu entwickeln und sich der Vaterrolle im vollen Umfang zu stellen.

Wolfram Jokisch nimmt deshalb immer wieder spezielle Väterangebote in sein Programm auf. Wer Interesse oder Ideen hat, kann bei ihm anrufen oder sich im Haus Eckstein den aktuellen Folder holen.

▶ Ein weiteres Väterangebot in Nürnberg ist die *Gruppe für Väter mit Babys* (→ S. 49).

BABYS ERSTE AUSFAHRT

Auch bei Temperaturen unter 0 Grad darf Ihr Baby in den ersten Monaten an die frische Luft. Allerdings nicht zu lange. Besser ist es, zweimal eine halbe Stunde als einmal eine Stunde rauszugehen. Wenn es klirrend kalt ist, sollten Sie eine Wärmflasche ans Fußende des Wagens legen.

Wichtig: Mit warmem, nicht mit heißem Wasser füllen. Denn sollte die Flasche einmal auslaufen, besteht Verbrennungsgefahr! Für heißere Tage gilt: Das Baby nie der direkten Sonneneinstrahlung aussetzen, sondern immer einen Sonnenhut (und im Winter eine Wollmütze) aufsetzen. Reiben Sie Ihr Kind an allen Stellen, die nicht von Kleidung bedeckt werden, mit Sonnencreme ein. Wählen Sie am besten verkehrsferne Routen, denn die Abgaskonzentration ist in Auspuffhöhe – und damit etwa in Höhe des Kinderwagens – am stärksten.

SCHÖNE SPAZIERGÄNGE MIT DEM KINDERWAGEN

TOUREN, WEGE, WÄLDER

Faber-Park *Zugang über Rednitzstr., Nürnberg, Stein. Anfahrt: U2 bis Röthenbach.*
Tiergarten, Volkspark Marienberg, Rosenau und Wöhrder Wiese – Nürnberger SpaziergängerInnen mit Kinderwagen haben eine große Auswahl an gepflegten grünen Spazierwegen. Wem der Laufsinn nach etwas Ursprünglicherem ist, sollte in den Faber-Park in Stein fahren. Weitgehend naturbelassen wachsen hier riesige alte Bäume, glucksende Bachläufe schlängeln sich bis zu einem verschwiegenen See in der Mitte der Anlage, und in den dichten Büschen zwitschern seltene Vögel. Am südlichen Rand des hundertjährigen Gartens liegt ein sonniger Spielplatz mit schöner Krabbelsandfläche und vielen Bänken. Wenn Sie an etwas Verpflegung gedacht haben, können Sie hier einen ganzen Tag verträumen. Wer nach der Pause noch weiterlaufen will: Über die Felder ist's nicht weit zum Freilandterrarium mit Fröschen, Schildkröten und Schlangen. Geöffnet von Mai–Sept. jeweils Sa/So und feiertags 9–18 Uhr. Eintritt frei.

Fürther Stadtpark *Zugang über Nürnberger Straße und Otto-Seling-Promenade.*
Daß Fürther Eltern gerne im Fürther Stadtpark spazierengehen, ist nichts Neues, hat aber auch seinen guten Grund. Die weitläufige Grünanlage ist stadtnah und hat kinderwagengerechte Wege. In der großen Sandfläche auf dem Spielplatz vergnügen sich Krabbler und Erstläufer, auf den Bänken daneben wurde schon so manche Mütter- und Väterfreundschaft geknüpft. Ein Tip noch: Im hinteren Teil der Anlage, an der Wilhelm-Raabe-Straße, liegt der Schaugarten des Bund Naturschutz. Die duftende Kräuterspirale, der Teich, der Sandhügel und die gemütliche Pergolasitzecke sind zu jeder Jahreszeit einen Rundgang wert, im Frühjahr verkaufen die NaturschützerInnen Pflanzen für den eigenen Bedarf, veranstalten Führungen und Kinderaktionen. Der Garten ist immer zugänglich, Infos Tel. 0911-77 39 40.

Sebalder Forst *Parkplatz am Ende der Tennenloher Straße, Erlangen, Buckenhof.*
Die Kinderwagentouren im Sebalder Forst sind nicht nur für einen einzigen Nachmittagsausflug gut. Gleich drei Rundwege führen durch das wasserreiche Waldgebiet mit unzähligen Bächen und Tümpeln, in und an denen Frösche und Enten quaken. Auf breiten Schotterwegen geht es zum Spielplatz mit Babyschaukel und

BETREUUNG

Holzeisenbahn, zum Wildschweingehege und im Winter zum Rodelberg mit Eislaufplatz. An lauen Sommerabenden schützen Sie Ihr Kind im Wagen mit einem leichten Tuch vor Mücken.

Volkspark Marienberg *Max-von-Müller-Weg, 90411 Nürnberg.* Ohne Spielplatz geht nichts mehr. Sobald die Babys krabbeln können, zieht es sie unweigerlich in Sandmulden und zu den hübschen bunten Förmchen der anderen Kinder. Wenn das soziale Kontaktspiel im Sandkasten tobt, ist von Spazierengehen lange Zeit nicht mehr die Rede. Aber im Volkspark Marienberg ist das gar nicht so schlimm, Hauptanziehungspunkt ist hier eh der Spielplatz. Kleine Krabbler sitzen am Boden und schauen hingebungsvoll den Großen zu, die sich über die Holzbrücken schwingen. Sieht doch gar nicht so schwierig aus! Packen Sie genügend Tee und Brei zum Picknicken ein, vielleicht läßt sich ja auch die Mutter auf der Bank nebenan zu einer Thermoskannen-Kaffeerunde einladen.

BETREUUNG

BABYHORT/KITA

Wo finde ich Hilfe?

Nicht immer möchte oder kann ein Elternteil nach der Geburt für längere Zeit auf den Beruf verzichten. Damit das Baby während des Tages gut untergebracht ist, sollten sich schon die werdenden Eltern nach entsprechenden Einrichtungen umsehen und die Konditionen erfragen. Obwohl es oft an städtischen Kinderkrippenplätzen mangelt, gibt es doch eine Reihe von weiteren Einrichtungen für Null- bis Dreijährige. Wer nach einer Kindertagesstätte für sein Baby sucht, stößt auf eine Vielzahl von Anbietern. Neben den städtischen und kirchlichen finden sich auch private Angebote sowie die der großen Wohlfahrtsverbände. Am besten wenden Sie sich zunächst an die lokalen Kinder- und Jugendämter der Städte, Kreise und Gemeinden. Auch ein Anruf beim örtlichen Pfarrbüro kann weiterhelfen. Einrichtungen für unter Dreijährige werden von kirchlichen Anbietern zwar selten offeriert, doch können sie eventuell in der Nähe wohnende Tagesmütter vermitteln.

Jugendamt, Abteilung Kindertagesstätten *Dietzstr. 4, 90317 Nürnberg, Tel. 231 38 85.* Über städtische Einrichtungen zur

BABYHORT/KITA

Selbst die Kleinsten nehmen schon Kontakt auf

Kinderbetreuung gibt das Jugendamt Auskunft. Aber: Für Kinder unter drei Jahren mangelt es im Großraum an Betreuungsplätzen. Ob ein Kind in eine städtische Krippe aufgenommen wird, hängt vor allem von der Dringlichkeit ab. Alleinerziehende Mütter und Väter werden in jedem Fall vorgezogen. Für alle, die chancenlos bleiben, gibt es dann immer noch die Möglichkeit, eine Tagesmutter in Anspruch zu nehmen (→ S. 91) oder sich selbst um die Gründung einer Krabbelgruppe zu bemühen (→ S. 90).

▶ *Jugendamt Fürth, Tagespflege, Königsplatz 2, 90762 Fürth, Tel. 0911-974 15 49.*

▶ *Jugendamt Erlangen, Krippenvermittlung, Rathausplatz 1, 91052 Erlangen, Tel. 09131-86 21 32.*

In manchen Fällen hat auch der Arbeitgeber ein offenes Ohr. Es lohnt sich, im Betrieb nach Gleichgesinnten zu suchen, um eine betriebsinterne Betreuungsmöglichkeit auf die Beine zu stellen. Die Firmen sind heute sehr daran interessiert, qualifizierte Kräfte zu halten, und eine Betreuung im Haus spart lange Wege und beruhigt die arbeitende Mutter sehr. So sind während der Arbeitszeit alle Energien für den Job frei. Hilfe und Unterstützung bei solchen Aktionen geben die Frauenbeauftragten der Städte.

Weitere Adressen
Auch einige Wohlfahrtsverbände und kirchliche Einrichtungen unterhalten Kinderkrippen. Die Aufnahmebedingungen sind unter-

BETREUUNG

schiedlich, in jedem Fall gilt für die Anmeldung: Je eher, desto besser!

▶ *Kinderkrippe der AWO, Bezirksverband Nürnberg, Tel. 45 08 26.*
▶ *Paritätischer Wohlfahrtsverband, Kindertagesstätten, Colmberger Str. 2, 90451 Nürnberg, Tel. 962 41 00.*
▶ *Diakonisches Zentrum Büchenbach, Kinderkrippe, Frauenauracher Str. 1a, 91056 Erlangen, Tel. 09131-90 54 15.*
▶ *Krabbelstube e.V. AWO Erlangen, Schenkstr. 174, 91052 Erlangen, Tel. 09131-355 55.*

BABYSITTER

Babysittervermittlung von Zoff und Harmonie – Haus für Menschen in Familie
Harmoniestr. 28a, 90489 Nürnberg, Tel. 587 39 60.
Säuglingspflege, Erste Hilfe und Schlaflieder – die Babysitter, die im katholischen Haus für Menschen in Familie ausgebildet werden, müssen eine ganze Menge lernen. Das befähigt die Mädchen ab 15 Jahren dann aber auch dazu, einen Abend mit einem fremden Baby gut durchzustehen.
Wenn Sie einen Babysitter suchen, setzen Sie sich einfach mit dem Haus für Menschen in Familie in Verbindung, und Sie bekommen jemand in ihrer Nähe genannt. Eine Vermittlungsgebühr verlangt die kirchliche Einrichtung dafür nicht. Nach dem ersten Kennenlerntreffen machen Sie alles weitere mit dem Babysitter selber aus.
Und dann können Sie endlich mal wieder beruhigt beim Italiener die Speisekarte rauf und runter essen oder im weichen Kinosessel ein bißchen Zweisamkeit wie in Vor-Babyzeiten genießen.

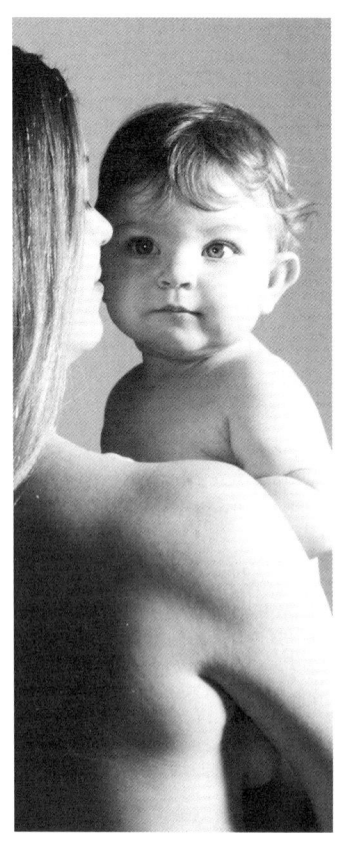

Leider hat Mami nicht immer Zeit ...

BABYSITTER

Kinderschutzbund Erlangen
Waldstr. 18, 91054 Erlangen,
Tel. 09131-20 91 00.
Auch der Kinderschutzbund Erlangen bildet junge Frauen und Männer zu Babysittern aus. Wer einen qualifizierten Kinderhüter braucht, erhält kostenlos die Liste der ausgebildeten Babysitter (nur im Raum Erlangen) und sucht sich daraus am besten ein Mädchen oder einen Jungen aus der Nachbarschaft aus. Die Bezahlung regeln Eltern und Babysitter untereinander. Mo-Do 9.30-12 und 15-17.30 Uhr, Fr 9.30-12 Uhr.

Mütterzentrum Fürth
Friedrichstr. 7, 90762 Fürth,
Tel. 0911-77 27 99.
Meistens ist Streß angesagt, wenn die junge Mutter Klamotten einkaufen will, zum Arzt oder zum Friseur muß und keiner währenddessen zu Hause auf das Kind aufpassen kann. In Fürth schaffte man Abhilfe. Dort nämlich bietet das Mütterzentrum eine Kinderkurzzeitbetreuung für Kids von null bis zehn Jahren an. Gegen eine geringe „Parkgebühr" werden die Kinder betreut, während die Mami endlich einmal Zeit hat, wichtige Erledigungen oder Einkäufe zu tätigen. Betreuung Mo 14.30-18 Uhr Sa 10-14 Uhr. Anmeldung spätestens einen Tag vorher von Mo-Fr 8-11.30 Uhr im Mütterzentrum.
Übrigens: Wenn der Einkauf bis zum Mittag dauert, kann man – nach vorheriger Anmeldung – auch im Mütterzentrum essen. Und montags und mittwochs gibt's den offenen Treff für Mütter mit Kindern bis drei Jahren.

Weitere Adressen
▶ *Babysittervermittlung des Bayrischen Roten Kreuzes, Nürnberg, Tel. 0911-530 12 80.* Di/Do 9-11 Uhr, vermittelt sehr engagiert, selbst ausgebildete Baybsitter.
▶ *Call a sitter, Rudolphstr. 19, 90489 Nürnberg, Tel. 55 30 03.* Mitgliederagentur, monatlicher Beitrag ab DM 18, Vermittlung von Babysittern, Tagesmüttern und Leihomas im gesamten Großraum. Die Babysitter sind alle über 18 Jahre alt, haben ein einwandfreies polizeiliches Führungszeugnis und verfügen über ein Auto. Nach dem Kennenlernen können sich die Eltern einen Babysitter aussuchen, der ihnen dann

BETREUUNG

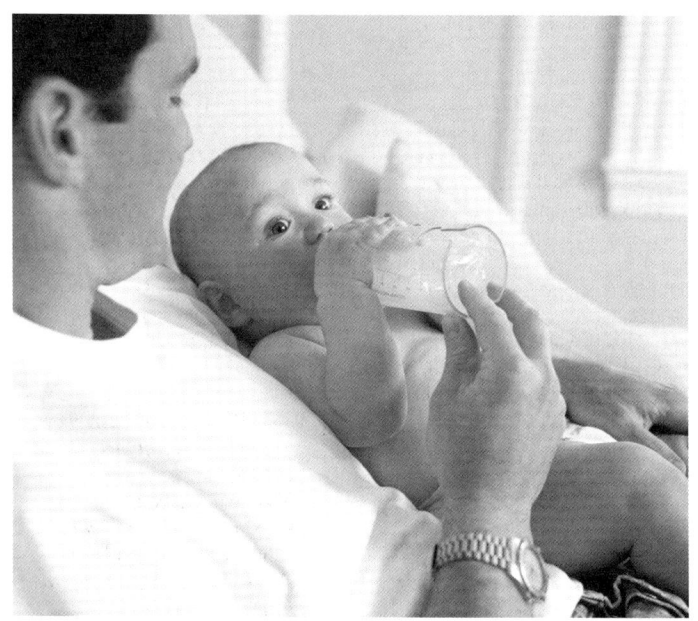

Hauptsache, Ihrem Baby geht's gut

immer wieder zugeteilt wird. Auch Haushaltshilfen und Tiersitter werden vermittelt.
▶ *Familienzentrum Langwasser, Imbuschstr. 70, 90473 Nürnberg, Tel. 80 99 15.* Vermittlung von Babysittern und Notmüttern in die nähere Umgebung.

ELTERNINITIATIVEN/ KRABBELGRUPPEN

Interessengemeinschaft der Kinderläden und Krabbelstuben *Mustleitenstr. 4, 90571 Schwaig, Tel. 0911- 506 79 32. Kontakt: Fr. Stein.*
Einen passenden Betreuungsplatz in einer Krabbelgruppe oder im Hort zu finden, ist schwer. Viele Eltern organisieren deshalb die Betreuung ihrer Kinder selbst. Das heißt vor allem: Personal für die Kinder finden, Gruppenräume organisieren, Kosten kalkulieren und Anträge auf Förderung stellen. Eltern, die das in Angriff nehmen, finden bei der Interessengemeinschaft die richtigen AnsprechpartnerInnen und tatkräftige Unterstützung. Gleichzeitig organisiert die Koordinationsstelle den Erfahrungsaustausch zwischen fast allen

TAGESMÜTTER

Nürnberger Initiativen und vermittelt Eltern, die einen Platz für ihr Kind suchen, an die geeignete Einrichtung. Die Interessengemeinschaft möchte in Zukuft ihren Wirkungskreis ausdehnen und auch die selbstorganisierten Betreuungsgruppen in Fürth und Erlangen unter ihre Fittiche nehmen. Speziell für Studenteneltern ist Frau Rodenberg, Tel. 09131-80 02 52, vom Studentenwerk der Uni Erlangen-Nürnberg die richtige Ansprechpartnerin. Sie hält auch eine Liste mit Krabbelgruppen für studentische Eltern bereit.

KRANKE KINDER

Ambulante Hauskrankenpflege Lebensbaum *An der Marterlach 34, 90441 Nürnberg, Tel. 42 80 46.*
Wenn kranke Kinder sich geborgen fühlen, werden sie schneller gesund. Die gewohnte Atmosphäre im trauten Heim wirkt wie ein Trostpflaster. Damit Kinder sich zu Hause erholen können, bietet die ambulante Krankenpflege fachliche Unterstützung bei der Pflege an. Die Betreuung durch examinierte Kinderkrankenschwestern wird vom Kinderarzt bzw. der Kinderärztin verschrieben und von der Krankenkasse bezahlt. Diese Hilfe übernimmt keine Haushaltsarbeiten, sondern kümmert sich ausschließlich um die medizinischen Bedürfnisse des Kindes. Sprechzeiten Mo-Fr 8-12 Uhr.

Weitere Adressen
▶ *Klabautermann,* Selbsthilfe und Förderverein zur Betreuung von chronisch kranken Kindern am *Südklinikum Nürnberg, Tel. 398 54 55.* Unterstützung von Eltern mit chronisch kranken, frühgeborenen oder behinderten Kindern, regelmäßige Treffen, Zusammenarbeit mit dem Südklinikum.
▶ *Bayerisches Rotes Kreuz, Häusliche Kinderkrankenpflege, Karl-Zucker-Str. 18, 91052 Erlangen, Tel. 09131-89 19 17.*
▶ *Private ambulante Kinderkrankenpflege, Marietta Krusch, Herzogenaurach, Tel. 09132-63 03 67.*
▶ *Familienentlastender Dienst der Lebenshilfe, Laufertorgraben 6, 90489 Nürnberg, Tel. 587 93 13.*
Hilfe für Eltern, die ein behindertes oder entwicklungsverzögertes Kind haben.
Die Fachkräfte sind speziell für die Betreuung von solchen Kindern geschult und können immer dann kommen, wenn Eltern z. B. wichtige Termine außer Haus wahrnehmen müssen.

TAGESMÜTTER

Pflege-, Adoptiv- und Tagesmütter e.V., Nürnberg-Fürth und Umgebung *Hirsvogelstr. 9, 90489 Nürnberg, Tel. 55 93 55. Kontakt: Fr. Oppelt, Tel. 28 95 14.*
Wenn der Vater gut verdient, die Mutter aber trotzdem arbeiten will, vermitteln die Jugendämter – Gleichberechtigung ade – meist

BETREUUNG

keine Tagesmutter. Anders ist das beim Tagesmütterverein, er hat Ersatzmamis für jede Familie. Dabei werden die Tagesmütter genau unter die Lupe genommen, es gibt Treffen und Weiterbildungen für sie. Außerdem erkundigt sich der Verein genau über die Tagesmutter und sortiert schon ein bißchen vor, wer zu wem passen könnte. Die Nachfrage ist groß, wer eine qualifizierte Kraft sucht, sollte sich mindestens drei Monate vor Betreuungsbeginn darum kümmern.

▶ *Büro Nürnberg im Spielehaus Rädda Barnen, Hirsvogelstr. 9-13, 90489 Nürnberg, Tel. 231 55 97.* Beratungszeiten Mo/Di/Fr 9.30-11.30, Mi 15-17 Uhr.
▶ *Büro Fürth im Haus der Diakonie, Ottostr. 5, III. Stock, 90762 Fürth, Tel. 0911-749 33 51.* Beratungszeiten Mo/Do/Fr 10-12 Uhr oder nach Absprache.

Weitere Adressen
▶ *Tagespflegebörse, Kinderhaus Nürnberg, Maxfeldstr. 29, 90409 Nürnberg, Tel. 35 39 36.* Vermittelt vom Jugendamt anerkannte Tagesmütter.
▶ *Jugendamt der Stadt Fürth, Tagespflege, Fr. Österreicher, Königsplatz 2, 90762 Fürth, Tel. 0911-974 15 49.* Mo-Fr 8-12 und Mo 13.30-16.30 Uhr.
▶ *Interessengemeinschaft Tagesmütter, Pflegeeltern und Eltern e.V., Hindenburgstr. 9, 91054 Erlangen, Tel. 09131-218 91.* Mo-Do 9-12 Uhr.

▶ *Kinderschutzbund Erlangen,* (→ S. 89), kleine Adressenkartei mit Tagesmüttern. *Tel. 09131-20 91 00.* Mo-Do 9.30-12 und 15-17.30, Fr 9.30-12 Uhr.
▶ *Koordinationsstelle Pflegenester, Raumerstr. 2, 7. OG (Frankenhof), 91054 Erlangen, Tel. 09131-86 21 24.* Vermittlung von Pflegenestern mit einer Tagesmutter und bis zu vier Kindern im Alter von 0-3 Jahren. Für berufstätige oder alleinerziehende Eltern.
▶ *Stadt Erlangen, Jugendamt, Tagesmütter, 4. OG, Zi. 425, Tel. 09131-86 24 49.*

WICKELRÄUME IN DER STADT

Wohin mitten in der Stadt, wenn es aus Lieblings Hose plötzlich zu „duften" beginnt? Hier ist eine Auswahl praktischer Rückzugsräume, in denen Sie Ihr Baby für weitere Stadtabenteuer fit machen können:

Nürnberg:
▶ *Baby-Walz, Josephsplatz 34* (Wickelraum im 4. Stock).
▶ *C & A, Kinderabteilung, Ludwigsplatz 25* (Wickel- und Stillraum).
▶ *Carnaby's Kinderbekleidung, Breite Gasse 91* (Wickel- und Stillraum).
▶ *Franken-Center, Glogauer Str. 30* (Wickeltische in der Kundinnentoilette).
▶ *Horten, Aufseßplatz 18* (Wickel- und Stillraum im Restaurant, 3. Stock, Schlüssel an der Kasse).

WICKELRÄUME IN DER STADT

- *Kaufhof, Königstr. 42* (neuer separater Wickelraum im 1. Stock neben dem Frisiersalon).
- *Kinderzuerst, Klaragasse 6* (Still- und Wickelecke).
- *Maximum, Färberstr. 11* (Wickelraum im 3. Stock).
- *Prénatal, Umstands- und Kindermoden, Färberstr. 20* (Wickel- und Stillraum).
- *Stadt Nürnberg, Standesamt, Hauptmarkt 18* (Wickelraum).
- *C & A, Alexanderstr. 21-25* (Wickelraum).
- *Quelle, Fürther Str. 205* (Wickelraum bei den Kundinnentoiletten im 1. Stock).

Fürth:
- *City-Center, Alexanderstr. 11* (Wickelraum bei den Kundinnentoiletten im Erdgeschoß).

Erlangen:
- *Bekleidungshaus Wöhrl, Rathausplatz 5* (separater Wickelraum im Untergeschoß).
- *C & A, Rathausplatz 4* (Wickelraum im Treppenhaus bei den Kundentoiletten, 2. Stock).
- *Grande Galerie, Nürnberger Str. 24/26* (Wickelraum im 1. Stock bei den Kundentoiletten).
- *Philosophische Fakultät, Kochstr. 4* (Wickel- und Stillraum im 1. Stock).

BETREUUNGSVERTRÄGE

Kinderbetreuung ist absolute Vertrauenssache. Natürlich möchten Sie Ihr Kind in besten Händen wissen und die Betreuungsperson möglichst erst einmal persönlich kennenlernen. Viele Eltern legen daher Wert darauf, ihre Tagesmutter selbst auszusuchen, anstatt sich vom Jugend- oder Bezirksamt irgendeine Adresse vermitteln zu lassen. Gerade dann, wenn Sie sich selber auf die Suche nach einer Tagesmutter für Ihr Kind machen, ist es ratsam, sich genau über Rechte und Pflichten zu informieren. Vorgegebene Betreuungsverträge helfen, Mißverständnisse von vornherein zu vermeiden. Musterverträge für Tagesmütter, die Sie selber einstellen, gibt es beim Bundesverband für Eltern, Pflegeeltern & Tagesmütter e.V., Breite Str. 22, 40670 Meerbusch, Tel. 02159-113 77.

INDEX

A
- Abo-Kiste (für ökologische Lebensmittel) 71
- Äußere Wendung (bei Beckenendlage) 22
- Aktionskomitee Kind im Krankenhaus 47
- alfda - Artikel für Allergiker 62
- Alleinerziehende (Beratung & Selbsthilfe) 17-18
- Allergien (Beratung & Selbsthilfe) 62-65
- Altkatholisches Centrum 6
- Ambulante Hauskrankenpflege Lebensbaum 91
- Amt für Versorgung und Familienförderung 59
- Andres, Gabi (Stillberatung) 53
- Anmeldung (des Neugeborenen) 45
- Arbeitsämter 59
- Arbeitsgemeinschaft Allergiekrankes Kind 62
- Arbeitsgemeinschaft Freier Stillgruppen 52

B
- Baby-Walz 33
- Babymassagekurse 29-30, 38, 49, 65, **73**, 81
- Babymöbel **30-31**, 34
- BabyOne 34
- Babypflege (rund um die) 68-69
- Babypflegekurse 26-27, 30, 35
- Babyschwimmen 30, **73-75**
- Babysitterdienste 81, 88-90
- Babysittervermittlung von Zoff und Harmonie 88
- Babyspielzeug **31-32**, 33, 36-37
- Bauchtanz (für Schwangere) 25
- Bayerischer Müttterdienst 77
- Bayerisches Rotes Kreuz **14**, 27, 49, 56
- Bazare **36**, 81
- Beckenendlage (Behandlung) 21-22
- Behinderte Kinder (Selbsthilfegruppen) 77-79
- Behindertenseelsorge 10
- Berufstätigkeit & Schwangerschaft 13-15
- Betreuung 15, 81, **86-93**
- Betreuungsverträge (Tips für) 93
- Bildungszentrum 15
- Bittner, Doris 30, **73**

C
- Bundesversicherungsamt 13
- Caritasverband Erlangen 22

D
- Delphin-Schwimmschule 74
- „Der Hosenmatz" 35
- „Die Kinderstube" 35
- „Die Spielzeugkiste" 31
- Duftöle (bei verschnupfter Nase) 64

E
- „Einmalhilfen" (Stiftungen für) 10
- Einwohnermeldeämter 46
- Eltern-Kind-Gruppen 80, **81-83**
- „Engelchen und Bengelchen" (Zwillingsclub) **12**, 56
- Entbindungsgeld 13, 60
- Ernährung (Beratung & Kurse) 67, 70-71
- Erstausstattung 31, **33-35**
- Erstausstattung (Secondhand & Verleih) 20, 35, 36-37
- Erste-Hilfe-Kurse 6, **66-67**
- Erziehungsgeld 45, **59-61**
- Evangelische Familienbildungsstätte 49, 56, **67**, 79

F
- Faber-Park 85
- Familienferienstätten (Adressen) 80
- Familienkasse des Arbeitsamtes 61
- Finanzielle Hilfen 10, 13, 15, 45, **59-61**
- Forschungsinstitut für Kinderernährung 70
- Forum Erwachsenenbildung 84
- Fränkischer Babywindel-Verleih 37
- Frauenbeauftragte & Gleichstellungsstellen **15**, 17
- Frauengesundheitszentrum 6, 29
- Frauenworkshops (des Bayerischen Roten Kreuzes) 14
- Frühförderung 65-66
- Fürther Stadtpark 85

G
- Geburtshäuser **38**
- Geburtsvorbereitung (Ganzheitliche) 25
- Geburtsvorbereitungskurse **22-30**, 38
- Gerberei Oechslen 35
- Gesundheitsämter 6, 29, 48, 49, 56
- Glückskind 19
- Grünes Sofa 17

H
- Happy Baby 35
- Haus Eckstein 17
- Hausgeburtsbegleitung (durch Hebammen) 29-30
- Haushaltshilfen (Vermittlung) 57-59
- Hebammen 24, 27, **29-30**
- Hebammenhaus **38**, 45, 52, 56

INDEX

„Hilfe für Mutter und Kind" (Landesstiftung) **10**, 17
- **I** Indische Brücke (bei Beckenendlage) 21
  Interessengemeinschaft der Kinderläden und Krabbelstuben 90
- **J** Jeanettes Schwangerschaftsforum 67
  Jugendämter **86**, 92
- **K** Kinderausweis 46
  Kindergeld & Kinderfreibeträge 45, **60-61**
  Kinderhaus - Verein Oberfürberg 80
  Kinderkrankenhäuser (Adressen) 47
  Kinderkrankenpflege (ambulante) 91
  Kindernetzwerk 77
  Kinderschutzbund Erlangen 23, 56, 89, 92
  Kindertageseinrichtungen 86-88
  Kinderwagen 31, **32-33**, 34-36
  Kinderzuerst 20
  Klangmassage (für Schwangere) 24
  Klinikasche (Packtips) 39
  Körper & Seele (Tips für) 8
  Kontakt- und Informationsstelle für Selbsthilfegruppen 77
  Kornblume 31
  Krabbelgruppen 49, 76, 87, 89, **90-91**
  Krankenhäuser mit Entbindungsstationen (Adressen) 40-42
  Kreißsaal (Information) 44
  Kuren (für Mutter & Kind) 77
- **L** La Leche League 53
  Landeserziehungsgeld 59
  Leihomas (Vermittlung) 89
- **M** Mehrlingsgeburten (Spezialisten) 12
  Moxa-Behandlung (bei Beckenendlage) 21
  Mütter gegen Atomkraft 70
  Mütterberatungsstellen (Adressen) 56-57
  Mütterzentren (Adressen) 81
  Mütterzentrum Fürth 49, 81, **89**
  Muttermilchuntersuchung 48
  Mutterpaß (Information) 11
  Mutterschaftsgeld 13, **59-60**
- **N** Naturtextilien 32, 37, 62, 72
  Neurodermitis 62-64
  Notmütterdienste 81, 90
- **O** Obletter Spielwaren 32
  Ökologische Babynahrung 71-72
- **P** PEKiP (Gruppen & Kurse) **76**, 80
  Pflege-, Adoptiv- und Tagesmütter e.V. 91

  Pro Familia 9, **61**
- **R** Rückbildungsgymnastik 25, 29-30, 38, **48-52**, 73
- **S** Sauna Active Club Holiday Inn Crowne Plaza 74
  Schwangerenschwimmen 30, 73
  Schwangerschaftsberatung **6-10**, 38
  Schwangerschaftsberatung (im Internet) 67
  Schwangerschaftskleidung **19-20**, 33
  Schwangerschaftskleidung (Secondhand) 20, 36
  Sebalder Forst 85
  Secondhand-Läden 20, **36-37**
  Selbsthilfegruppen 12, 17-18, **77-79**, 84
  Seminarzentrum Sephirot, Schmidt und Sieck 24
  Sonjas Umstandsmoden 19
  Spaziergänge (mit Kinderwagen) 84-86
  Standesämter (Adressen) 45-46
  Stillberatung (& -gruppen) 6, 23, 30, 38, 52-56, 81
  Stillen (rund ums) 54-55
  Sudermann, Doris 23
- **T** Tagesmütter (Vermittlung) 87, 89, **91-92**
  Tanzbühne - Studio für Orientalischen Tanz 24
  Tragetücher **33**, 37, 72
  Treff-Fa, Familienselbsthilfe 81
  Trennungsberatung 17
- **V** Vätergruppen 49, **84**
  Verband Alleinstehender Mütter und Väter 18
  Volkshochschule Erlangen 25, 75, 79, 80
  Volkshochschule Fürth 26, 48, 75, 79
  Volkspark Marienberg 86
  Vorgeburtliche Diagnostik 9
  Vornamen (Buchtip) 47
- **W** Wassergymnastik (für Schwangere) 26, 30
  Wickelräume (in den Städten) 92-93
  Windeldienste 37
  Wochenbettbetreuung (durch Hebammen) 30
- **Y** Yoga (für Schwangere) 23, 25-27, 30, 38
- **Z** Zentrum Koberger Straße 26, 49, 79, 83

IMPRESSUM

Herausgeber: Beiersdorf AG
Verlag: COMPANIONS Glänzer Linkwitz Wiskemann GmbH,
Zippelhaus 3, 20457 Hamburg, Tel. 040-32 55 40-0, Fax 040-32 55 40-55
E-Mail: info@companions.de
Redaktion: Patricia Petsch
Lektorat und Schlußredaktion: Anja Borck, Claudia Thomsen (Ltg.)
Schlußkorrektur: Ulrike Vedder
Fachberatung: Inken Linardatos (Hebamme)
Produktion: Andreas Meyer
Titelgestaltung: Sally Johnson, Cornelia Prott
Layout: Tania Wolff, Cornelia Prott (Ltg.)
Illustrationen: Désirée Widenmann
Ausbelichtung, Druck und Bindung: Fuldaer Verlagsanstalt GmbH, Fulda
Bildnachweise:
Titelfoto: Beiersdorf AG, Hamburg
DigitalVision: S. 1, 4, 12, 28, 38, 45, 48, 58, 61, 70, 71, 72, 87, 96 ; PhotoDisc: S. 2, 7, 9, 16, 20, 22, 24, 36, 43, 52, 55, 56, 63, 65, 66, 69, 76, 81, 82, 88, 90 ; John Foxx: S. 14, 78; Babywalz: S.18, 31, 32 oben, 33 oben, 34 ; Kinder Sport- und Spielverein e. V.: S. 27, 75; MEV-Verlag: S. 32 unten, 33 unten

Wir danken Hartmut Heincke, Julia Löcherer, Dominik Maatz, Marcus Schindler, Anja Steffens und allen anderen, die zum Gelingen dieses Buches beigetragen haben.

CIP-Titelaufnahme der Deutschen Bibliothek
Baby in Nürnberg : 500 wichtige Tips & Adressen für
Schwangerschaft und Babys erstes Jahr / [Hrsg.: Beiersdorf AG. Red.:
Patricia Petsch. Ill. von Désirée Widenmann]. - Hamburg :
Companions, 1998
   ISBN 3-89740-022-7

1. Aufl. – Hamburg: COMPANIONS, 1998

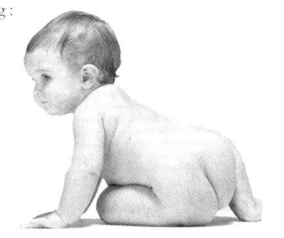

© COMPANIONS Glänzer Linkwitz Wiskemann GmbH, Hamburg. Alle Rechte vorbehalten, auch die der auszugsweisen sowie fotomechanischen und elektronischen Vervielfältigung sowie der kommerziellen Adressen-Auswertung und Übersetzung für andere Medien. Anschrift für alle Verantwortlichen über den Verlag. Alle Fakten und Daten in diesem Buch sind sehr sorgfältig vor Drucklegung recherchiert worden. Sollten trotz größtmöglicher Sorgfalt Angaben falsch sein, bedauern wir das und bitten um Mitteilung. Herausgeber und Verlag können aber keine Haftung übernehmen.

Gedruckt auf 100 % chlorfrei gebleichtem Papier.